Z세대의 라이프스타일

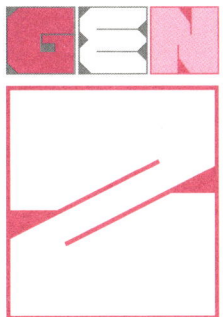

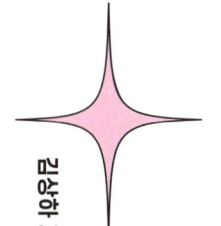

김상하 지음

GEN

Z세대의 라이프 스타일

- Hip
- Eat
- Play
- Buy
- Work

클라우드나인

서문
Z가 들려주는 진짜 Z세대 사용설명서

"내 자식이 알파세대인데. 얘가 나중에 커서 너네를 괴롭힐 거다. 지금 너네가 나 괴롭히는 것처럼 똑같이."

필자의 과거 팀장님이 했던 가장 기억에 남는 말이다. 아마 그만큼 Z세대와 같이 일하는게 괴로우셨던 것 같다. Z세대는 이해하기 정말 어렵다. 회사에서 브이로그를 찍고 이별과 퇴사를 포함한 모든 게 브이로그 소재가 되는 세상이다. 고등학생들이 모의고사 답안 채점을 브이로그로 찍어서 올리는 걸 보고 있을 때면 '내가 왜 남 시험지 채점하는 걸 구경하고 있지?'라는 생각이 들 때도 있다. 모든 것이 콘텐츠 소재이다. 그들은 페이스북, 인스타그램, 틱톡 등 각종 SNS에 본인만의 공간이 있고 누구나 콘텐츠를 만들고 업로드를 할 수 있다. 누구나 크리에이터라는 뜻이다. Z세대는 스마트폰의 등장과 함께 자랐기 때문에 이들은 콘텐츠를 소비하는 방법부터가 다르다. 확실히 글보다는 이미지 한 장으로 표현하는 것을 좋아한다.

그들의 문해력 관련 에피소드는 잊을 만하면 수면 위로 올라온다. '금일' '심심한 사과' 등의 단어는 Z세대가 이해하지 못해 이슈가 되었던 단어들이다. 하지만 약점이 있으면 강점이 있다. 문해력이 이들의 약점이라면 이들의 강점은 무엇인지 우리는 항상 고민해야 한다. 영상을 볼 때 절대 기본 속도로 보지 않고 2배속에서 3배속으로 재생하면서 보고 1분 만에 모든 영상을 이해한다. 오히려 이들에는 1분도 길다. 과거에는 누군가 아직 보지 않은 드라마와 영화를 스포일러한다면 화를 냈다. 하지만 Z세대는 결말을 찾아볼 정도로 짧은 시간에 콘텐츠를 소비하고 싶어 한다. Z세대는 봐야 하는 콘텐츠가 너무 많기 때문에 짧은 시간에 더 많은 콘텐츠를 보는 것이 좋은 것이다. 개인마다 알고리즘은 완전히 다르고 그 알고리즘만큼 다른 게 바로 관심사다.

Z세대 10명을 잡고 물어보면 10명의 취미가 다 다르다. 성인이 되어 바이올린이나 피아노 등의 악기에 도전하는 사람도 있고 운동을 하기도 하며 동아리나 크루 등에 가입하여 러닝을 하기도 한다. 취미가 많아서 문제가 될 때는 있지만 취미가 없는 경우가 드물 정도이다. 그들에게 취미는 크고 작은 성취를 위한 포인트이자 자기 스스로를 계발하기 위한 시간이다. 이러한 변화는 주변에 생긴 취미 클래스나 당근에서 활발하게 팔리는 취미 재료만 봐도 알 수 있을 것이다. 당근마켓의 등장도 Z세대의 특징을 강하게 보여주게 된 요소 중 하나이다. 새 제품보다 싸게 구입할 수 있는 장점도 있지만 물건을 사고팔고 온도를 올리는 것 자체가 하나의 재미 요소가 된 것이다. 이는 언제 어디서든 재미를 추구하는 Z세대의 특성이 반영된 결과다.

Z세대는 꼭 회사에서만 성취를 찾지 않는다. 그렇다 보니 회사 업

무를 대하는 방식도 다르다. 평생 직장이라는 말이 이제는 찾아보기 힘들 정도이다. 고정된 직업보다 아르바이트를 선호하는 사람도 있고 N잡러가 되어 여러 가지 일을 하는 사람도 있다. 직업에 대한 편견이 없다고 보는 게 맞을 것이다. 꼭 하나의 직업만 해야 하는 것도 아니고 안정성보다는 본인의 퇴근 이후의 삶을 더 중요시하는 경우도 많다. 오죽하면 회사에서의 자아와 회사 밖에서의 자아가 따로 있다는 사람도 있다. 이는 마치 로그아웃을 해서 워크툴을 나가는 것과 마찬가지로 회사 생활도 언제든지 로그아웃할 수 있다고 생각하는 Z세대의 생각을 단적으로 보여준다. 많은 Z세대가 카카오톡 멀티 프로필 기능을 좋아했다. 회사의 자아를 일상의 자아와 구별할 수 있게 해주었기 때문이다.

정리해보면 Z세대는 새 것보다 중고를 좋아하고 N잡을 하며 여러 개의 자아도 가지고 있고 이혼과 퇴사로도 브이로그를 만든다. 즉 한 마디로 정의할 수 없는 세대이자 정의를 당하는 것도 싫어하는 세대이다.

어떻게 Z세대를 사로잡을 수 있을까?

이렇게 다른 그들을 사로잡는 방법이 과연 있을까? 무조건 있다. 그들에게 사랑받는 마케팅과 광고를 하는 사람들이 있다. 과거에 사람들은 어떤 상품이 히트를 쳤을 때 어느 회사가 이 상품을 기획했는지 궁금해했다. 그러나 지금은 누가 이 상품을 기획했는지를 궁금해한다. 호기심의 대상이 집단에서 개인으로 이동한 것이다. 소속보다 개인이 더 중요해진 시대가 왔고 본인 스스로를 콘텐츠화하고 자기표현을 할 다양한 방법이 있다 보니 이러한 변화가 나타났다. 그러니 각자가 특정 분야의 전문가가 되어 유튜브를 찍기도 하고 「유 퀴즈 온 더 블럭」 같은 프로그램이 사람들에게 반응을 얻기도 한다. 「유 퀴즈 온 더 블럭」은 Z세대에게 성공의 아이콘이 되었다. 이제는 어딘가에 소속되기보다 본인이 잘할 수 있고 좋아하는 일을 찾아 나서는 경우도 많다. 10대 사장님을 유튜브에 검색해보면 다양한 분야에서 일하고 있다. 본인이 브랜드를 창업하는 이야기를 담은 콘텐츠를 만들기도 한다. 가장 많은 창업 아이템은 꾸미기 아이템들이다. 이러한 시장은 틱톡 등의 플랫폼에서 꾸미기를 하는 사람들이 늘어나며 시장이 점점 커지기 시작했다.

초반에는 다이어리나 필기구 등을 꾸몄다면 이제는 '별다꾸'라는 말이 저절로 나올 정도로 다양한 것들을 꾸민다. 대한민국에서 고등학교를 나온 사람이라면 모를 수 없는 『수능특강』을 사진과 스티커 등으로 꾸미기도 한다. 심지어는 꾸미기 위해 물건을 사는 건 아닐까 싶을 정도로 인형, 응원봉, 심지어 헤드셋까지 본인만의 커스텀으로 꾸미고는 한다. 특정 상품이 유행을 하면 그 상품을 꾸밀 수 있는 커스텀 제품도 함께 만들어진다.

관심이 개인에게 집중되고 창업을 하고 브랜드를 만드는 것이 어렵지 않은 세상이 되었다. 이러한 변화가 단순히 소비 패턴의 변화로 보인다면 큰 오해이다. Z세대는 직장에 대한 인식도 다른 세대와는 많이 다르다. 평생직장이라는 개념 자체가 사라졌고 퇴사를 하는 것이 어렵지 않고 3년에 한 번씩 주기적으로 퇴사를 하는 사람들도 있다. 이 역시 새로운 커리어를 위해서거나 새로운 일에 도전하기 위해서인데 개인의 발전과 자기계발을 위해 계속해서 새로운 일을 하는 것이다. N잡러가 많아지는 것이나 퇴근 후 일상에서 운동, 공부 등을 통해서 스스로에 대한 만족감을 높이는 것을 주변에서 쉽게 볼 수 있을 것이다.

인재를 채용하는 방식도 결국 많이 달라졌다. 옛날에는 자기소개서와 포트폴리오에 집중했다면 이제는 본인 PR을 잘하는 Z세대에 맞게 SNS가 포트폴리오가 되기도 한다. 서류를 제출한 사람에게 디지털상에서 사용할 수 있는 굿즈나 아이콘 등을 선물로 주기도 한다.

마케팅 하나를 준비할 때도 디테일 포인트를 살려 개인에 집중해 보자. 그 개인이 주인공이 될 수 있게 하는 것이 성공의 비결일 수 있다. 이는 물건을 팔 때 뿐만 아니라 그들과 함께 일하고 싶을 때의 준비 자세이기도 할 것이다.

어떻게 Z세대에게 힙하다는 소리를 들을 수 있을까?

힙하다는 건 Z세대를 사로잡기 위해 절대 빠질 수 없는 단어이다. '힙하다.'라는 말은 마케팅을 하는 사람이라면 한 번쯤은 꼭 들어보고 싶은 평가일 것이다. 하지만 힙하다는 건 절대 불편한 마음에서 시작될 수 없다. 힙하면 불편도 감수한다는 것은 이제 옛말이다. Z세대는 이기적이라는 인식이 있는데 강하게 부정하고 싶다. 키오스크에 대해 비판을 가장 많이 하는 세대가 Z세대일 것이다. 그들은 부모세대가 기술의 발전으로 인해 구매하고 싶은 상품을 사지 못하는 점을 크게 안타까워한다. 특히 콘서트, 공연, 경기 예매 등에서도 그런 지적을 사회적으로 많이 남기기도 한다.

그 누구도 소외받는 사람이 없을 때 진정으로 힙한 게 된다. 그 누구도 소외받지 않게 배려하는 과정에서 발생하는 불편함은 충분히 감수할 수 있다. 힙하다는 평가를 받고 싶다면 이 부분을 중요하게 생각해야 한다. 특이하다고 해서 무조건 Z세대에게 좋은 평가를 받는 것은 아니다.

또 이들은 좋아하는 것이 제각기 너무 다르다. 사용하는 플랫폼도 제각기 다르다. 사용하는 카메라 어플부터 구독한 OTT, 음악 플랫폼, 게임 등 모든 게 개인 단위로 차별화되어 있다. 그렇기 때문에 그들을 사로잡기 위해서 무조건 유행을 따라가는 건 좋지 않다. 그들을 사로잡을 수 있는 새로운 마케팅 전략을 생각하거나 전혀 관련 없다고 생각한 분야에서의 콜라보를 준비하는 것이 좋은 방법일 것이다.

여기까지 들었을 때 도대체 Z세대가 뭔지 더 모르겠다면? 이 책을 끝까지 읽는 것을 추천한다. Z세대인 필자가 직접 Z세대의 일상에 대해 이야기하며 성공한 마케팅이 무엇인지 친절히 설명해주겠다. 당신을 위한 정답Z(지)가 되어줄 것이다.

| 목차 |

서문 Z가 들려주는 진짜 Z세대 사용설명서 • 4

라이프스타일 1
힙의 기준을 이끌어간다 • 15

1. 마카롱 김치찌개
   : 함부로 정의하려 들지 않는다 • 17
   Z세대로 규정되기를 싫어한다 • 17
   회사에서와 일상에서의 나를 분리하고 싶어 한다 • 20
2. 유 퀴즈 온 더 블럭
   : 다른 성공 기준을 찾는다 • 24
   집단보다는 개인을 드러내는 구조를 만들고 싶어 한다 • 24
   쌍방이 즐기거나 참여할 수 있는 콘텐츠에 열광한다 • 28
3. 힙
   : 새로운 가치를 찾는다 • 31
   남 일에 관심 많고 배울 점 많은 시니어를 좋아한다 • 31
   누군가 불편함을 느끼는 것을 정말 불편해한다 • 34
4. 스마트폰과 인스타그램
   :디지털 리터러시를 개발한다 • 37
   텍스트보다는 이미지와 영상에 월등히 강하다 • 37
   자신의 표현 수단으로 사진과 이모티콘을 사용한다 • 41

라이프스타일 2
쩝쩝박사가 되어 레시피를 만든다 • 45

1. 라이스페이퍼 불닭쌈 튀김
   : 쩝쩝박사가 되어 제철음식을 즐긴다 • 47
   괴식도 되고 미식도 되는 제철 음식 레시피를 만든다 • 47
   자신의 취향과 의견을 반영해 맞춤 콘텐츠를 만든다 • 50

2. 오마카세와 파인다이닝
    : 음식 소비의 기준을 바꾼다 • 54
    오마카세와 파인다이닝을 특별한 경험이라고 생각한다 • 54
    경험이라는 것은 당연히 돈을 내고 해야 한다 • 57

3. 반갈샷
    : 먹기 전에 인증하다 • 59
    뭔가를 찾아내 어려움을 무릅쓰고 구매하는 데 익숙하다 • 59
    긴 웨이팅을 감수하고 갔다면 밥만 먹고 끝내지 않는다 • 62

4. 해시태그
    : 사람 아닌 SNS와 밥을 먹는다 • 64
    맛집, 혼밥, 먹방 콘텐츠가 진화하고 있다 • 64
    밥 친구로 사람 대신 클립 영상을 선택한다 • 67

5. 파 맛 첵스와 제티
    : 금지된 것을 먹는다 • 70
    어릴 때 못 먹은 걸 먹고 믹기 싫은 걸 거부한다 • 70
    없는 메뉴를 커스텀해서 재미와 함께 소비한다 • 73

라이프스타일 3

삶의 모든 순간을 콘텐츠화한다 • 75

1. 인류학자
    : 콘셉트에 잡아먹히다 • 77
    힘든 삶에 대한 위로로 극사실주의 콘텐츠를 선택한다 • 77
    "우리랑 완전 똑같다!" 현실 고증 콘텐츠에 열광한다 • 79
    짧은 콘텐츠의 등장이 영상을 보는 방식과 속도에 영향을 미쳤다 • 82

2. 브이로그
    : 일상의 모든 것을 담다 • 86
    일기를 쓰는 것처럼 브이로그를 찍어서 남긴다 • 86
    '찐 광기' '미친 덕력' 외에 소소한 일상도 인기를 얻는다 • 88

3. 춘식이
  : 잘 만든 광고는 찾아서도 본다 • 92
  광고도 콘텐츠로 만들어서 궁금증을 유발시켜야 한다 • 92
  재미있으면 10초 쇼츠, 웹소설, 짤 등을 밈으로 사용한다 • 95

4. 과몰입
  : 콘텐츠를 변화시킨다 • 98
  캐릭터와 진짜를 구별할 수 없게 만들어 몰입하게 한다 • 98
  공감 포인트를 만들고 놀 수 있는 콘텐츠를 제공해야 한다 • 101
  '귀여우면 지구뿌셔'라고 할 정도로 귀여운 것을 좋아한다 • 103
  별안간 과몰입해서 눈물 흘리는 ○○이 된다 • 109

라이프스타일 4
재미를 추구하고 지루함을 싫어한다 • 115

1. 인생 노잼 시기
  : 무료함과 지루함은 용납하지 못한다 • 117
  안정을 찾는 대신 재미를 쫓는다 • 117
  SNS를 통해 재미와 낭만을 찾는다 • 119

2. 인생샷과 생일 파티
  : 특별한 날은 정말 특별해야 한다 • 121
  다양한 방법으로 생일 주간을 챙긴다 • 121
  인생샷을 위해 소품을 사고 장소를 꾸민다 • 124

3. 집꾸
  : 자신의 공간을 꼭 꾸며야 한다 • 127
  집 꾸미기를 하고 집들이를 한 달 내내 한다 • 127
  집들이 초대장과 선물이 떠오르고 있다 • 129

4. 수능특강
  : 당신이 알던 수능특강이 아니다 • 133
  『수능특강』 꾸미기는 연중행사가 됐다 • 133
  어드밴트 캘린더를 직접 만들어 교환한다 • 135

5. 앨범깡
   : 덕질이 삶의 활력소가 된다 • 138
   '앨범깡' '오프깡'을 하고 포카를 꾸민다 • 138
   아이돌을 캐릭터화한 솜 인형을 사고 꾸민다 • 141

라이프스타일 5

침대에서 쇼핑하고 경험소비를 한다 · 145

1. 거지방
   : 돈이 없다고 불행해하지 않는다 • 147
   결제의 설렘을 심박동수로 알려주기도 한다 • 147
   거지방을 통해 소비 습관을 함께 관리하기도 한다 • 149

2. 쿠팡과 넷플릭스
   : 배달과 구독으로 모든 것을 해결한다 • 152
   침대에 누워서 11시 전에 주문한다 • 152
   사기 아깝고 챙기기 귀찮은 것은 구독해버린다 • 153

3. 다꾸
   : 일단 뭐든지 다 꾸민다 • 157
   스타벅스 다이어리 열풍과 함께 시작된 다꾸가 대세다 • 157
   본인의 개성을 드러내는 커스텀 꾸미기를 한다 • 159

4. 오운완
   : 운동한 기록도 인생샷으로 인증한다 • 164
   예쁜 인증샷과 인생샷이 나오는 운동을 한다 • 164
   유행을 넘어 각자 좋아하는 취미와 취향을 따른다 • 167

5. 10대 사장
   : 좋아하면 직업이 된다 • 170
   각자 방법으로 스스로 벌어서 소비하고자 한다 • 170
   전혀 다른 분야와 컬래버해서 재미를 더한다 • 174

6. 센 언니
　: 나답게 라이프스타일을 추구한다 • 177
　모두가 좋아하는 것이 아닌 각자 중요한 것을 따른다 • 177
　한계를 두지 않고 하고 싶은 걸 다 하고 산다 • 179

라이프스타일 6
스마트워커로 업무효율을 높인다 · 183

1. 노동요
　: 일할 때 노래를 듣는다 • 185
　일할 때 어느 정도의 음악이 일의 능률을 올린다고 생각한다 • 185
　친구와 함께 일기장 쓰듯 플리도 링크해서 공유한다 • 188

2. 데스크테리어
　: 회사도 꾸미는 공간이 된다 • 190
　입사하면 하루 종일 책상을 꾸민다 • 190
　업무 공간이 마음에 들어야 일의 능률도 올라간다 • 193

3. 워크툴
　: 온라인과 디지털로 힙하게 일한다 • 195
　효율적으로 일하기 위해 다양한 워크툴을 사용한다 • 195
　회의록 작성도 녹음 녹취 대신 클로바노트로 한다 • 198

4. 네카라쿠배당토
　: 선택받는 회사는 따로 있다 • 200
　힙하게 입사 인증을 할 수 있게 해줘야 한다 • 200
　퇴근하고 갓생을 살며 취미 활동 등을 한다 • 203

에필로그 Z세대를 믿고 맡겨보자 • 205

라이프스타일 1

힙의 기준을
이끌어 간다

마카롱 김치찌개
: 함부로 정의하려 들지 않는다

Z세대로 규정되기를 싫어한다

"이런 건 MZ가 좋아해요."

마케팅할 때나 윗세대를 설득할 때도 그렇게 말한다. MZ라는 단어는 이제 마케팅의 필살기가 되어버린 느낌이다. 우리 안에 자리 잡은 고정관념 때문에 누군가를 MZ라고 한다면 그 사회에 반항적이라는 느낌을 준다. 또 "MZ는 원래 저래?"라는 말을 윗세대가 많이 해온 탓에 부정적인 어감이 깊게 배어 있다.

그래서 정작 당사자인 Z세대는 이 단어를 듣기 싫어한다. 그리고 무엇보다도 나를 다른 사람과 묶어서 고작 한 단어로 정의한다는 게 가장 싫을 것이다. Z세대는 할 말은 하고 자신이 무엇을 좋아하고 자신이 누구인지 가장 잘 알고 있는 세대라고 생각한다.

MZ세대의 유행어 중에 '마카롱 김치찌개'라는 단어가 있다. 말도 안 되는 조합을 뜻하는 단어로써 강렬한 개성과 다양한 취미를 가졌기 때문에 서로 섞여 하나가 될 수 없는 Z세대를 상징한다. 이보다 더 적합한 단어가 없다고 생각한다. 마카롱과 김치찌개라는 서로 섞일 수 없는 것을 하나로 붙여놓으니 끔찍한 혼종이 탄생했다. 이처럼 Z세대도 구성원 개개인이 하나로 묶일 수 없다.

Z세대 본인들은 한 단어로 자신을 규정짓거나 한정 지을 수 없다고 생각한다. 그러다 보니 스스로 Z세대라고 불리는 것을 싫어한다. 본인이 남들과 한 단어로 묶인다는 사실 자체가 말이 되지 않는다고 생각하는 것이다. 이들은 물건을 하나 살 때도 본인의 소비 습관과 신념을 반영하는 세대이고 자기 브랜딩을 하는 걸 어려워하지 않기 때문이다. 주변 지인들에게 Z세대인 OO이에 대해 "OO이는 어떤 사람이야?"라고 묻는다고 해보자. 지인들은 OO이가 무엇을 좋아하고 스타일은 어떤지 바로 대답할 수 있을 것이다.

각자의 관심 분야도 제각각이다. Z세대로 이루어진 팀의 구성원들 각자에게 취미가 무엇이냐고 물어보면 바이올린, 비올라, 풋살, 테니스 등 겹치는 것이 없을 정도다. 이렇게 개성이 강한 이들을 한 단어로 묶어서 Z세대라는 단어로 표현하니 싫을 수밖에 없을 것이다. 그냥 비슷한 나이의 또래 묶음을 의미하는 단어 그 이상도 그 이하도 아니다. Z세대는 하나의 공통점으로 정의하기에는 너무 제각기 다른 구성원들이 모여 있는 집단이다.

또 사회에서 Z세대에 대해 규정하는 몇 가지 틀이 있다. 하나같이 부정적이기도 하다. 예를 들어 칼같이 퇴근하고 자기밖에 모르고 회사에 대한 충성심이 낮고 주인의식이 없다는 평가가 대표적이다. 이에 대한 평가는 두 가지로 갈린다. 부정적으로 보는 시선도 있지만 할 말은 하고 자신의 권리는 챙길 줄 안다고 긍정적인 시선으로 보는 사람도 많다. 크게 보면 이 역시 이들이 가진 '갓생'의 특징 중 하나다.

회사 일도 중요하다. 하지만 이들에게는 퇴근 이후의 삶 역시 지켜야 하는 하나의 영역인 것이다. 퇴근 이후에 본인이 좋아하는 일을 하고 삶이 지치지 않도록 자기관리를 하는 갓생이라는 것이다. 주변 Z세대에게 취미가 뭐냐고 물어보면 대답을 못 하는 사람이 없을 만큼 스포츠와 예술 등 취미 활동을 하나쯤은 하고 있다. 퇴근 후 영어 학원, 미술 학원, 댄스 학원 등 무엇인가를 배우러 다니는 사람들도 많다.

사실 이들이 이런 특징을 가질 수밖에 없는 이유는 소소한 결과물이라도 만들어내지 않으면 성공과 자기만족을 얻기 힘든 세대이기 때문이다. 대학에 가는 것도 까다롭고 취업하기도 어렵고 집을 사는 건 불가능에 가깝다. 개인에 대한 주목도가 높다는 것은 그만큼 개인의 성공과 보여주는 삶 역시 중요하다는 것이다.

그래서 이들은 작은 성취라도 이뤄내기 위해 항상 노력한다. 뜨개질이나 퀼트와 같은 소소한 결과물을 만들어내는 것에 기쁨을 느끼거나 집순이와 집돌이 중에는 집에서 식물을 키워서 당근마켓에 파는 사람도 있다. Z세대는 이기적인 것이 아니라 부지런히 갓생을 사느라 바쁜 세대다. 소소할지라도 자기만족을 찾아가고 작은 성공을 이루기 위해 노력한다. 그러다 보니 이들은 그만큼 좋아하는 것도 확실하고 본인이 지켜야 하는 기준이 뚜렷한 것이다.

회사에서와 일상에서의 나를 분리하고 싶어 한다

콘텐츠를 만들 때 유튜브에서 최근까지도 가장 많이 보이는 소재는 세계관과 부캐(부캐릭터)다. 유튜브 콘텐츠에서 획기적인 기획이라는 평가를 받은 '엄지렐라' '서준맘' '다나카' 등의 부캐를 본 팬들은 천재 아니냐는 평가를 하고 댓글로 소통할 때 역시 이 세계관을 연결해서 달고는 한다. 이들이 지상파에 등장했을 때 40·50세대가 보기에는 "쟤가 그 친구지? 근데 왜 저러고 나와?"라고 물어볼 수 있는 복잡한 방식이다. 맘카페에서는 서준맘이 진짜 애 엄마라고 생각할 정도로 부캐를 진짜로 혼동할 정도다. 하지만 이들이 유행하는 데는 명확한 이유가 있다. 이들은 회사에서의 나와 일상에서의 나를 정확하게 분리할 수 있다.

이를 보여주는 대표적인 예시가 카카오톡에서 출시한 멀티프로필 기능이다. 멀티프로필은 기본 프로필 외에 부캐 프로필을 최대 3개까지 만들 수 있다. 직장 동료에게 보여주는 프로필(본캐 프로필)과 친구에게 보여주는 프로필(부캐 프로필)을 각각 만들 수 있다. 커플이면 하나의 부캐 프로필에 커플 프로필 사진을 올려두고 자신들만의 공간으로 만들어 커플 앱처럼 사용하기도 한다. 보통 본캐는 사회생활용 캐릭터, 부캐는 사생활용 캐릭터를 의미하는데 반대일 수도 있다. 본캐와 부캐의 기준은 본인만이 결정할 수 있다. 예를 들어 회사에는 늘 비슷한 단정한 옷만 입고 다니지만 부캐인 본인 사생활에서는 전혀 다른 스타일로 꾸미는 경우도 많다. 이처럼 사회생활을 하는 내가 본캐인지 일상생활을 하는 내가 본캐인지는 본인이 더 중요하다고 생각하는 삶에 초점을 맞춰 스스로 결정하는 것이다.

이런 본캐와 부캐는 Z세대가 공간을 만들어내는 능력과 상관이 있다. SNS라는 나만의 공간에서 부캐를 창조해 다른 사람이 되는 것이다. 이들은 흔히 말하는 SNS인 카카오스토리, 페이스북, 인스타그램 등이 출시될 때부터 스마트폰을 가지고 자신의 공간을 창조했던 세대다. 운동 계정을 만들고 맛집 계정을 만들고 나만의 공간에 사진과 글을 끊임없이 채워나가면서 이 세상에서만은 취업과 학업 등 스트레스에서 벗어나 내가 행복하고 좋아하는 일만 하는 사람이 되는 것이다.

SNS를 개설하여 운영하는 것은 마치 방을 만들어 내가 좋아하는 걸로 채우고 사람들을 초대하는 것과 비슷하다. 마치 방을 꾸미듯이 피드를 꾸미고 그 피드를 꾸미기 위해 쇼핑을 하거나 실제 공간을 찾아가고 옷이나 음식이나 물건을 사서 사진을 찍어 업로드하기 때문이다. 이는 지난해 유행한 부캐 만들기와도 연결해 설명할 수 있다. 특정 세계관을 형성해 부캐를 만드는 것처럼 Z세대는 가상공간에서 자신을 분리하며 살아간다. 이런 상황이 익숙해지면서 워라밸이나 요즘 Z세대 사이에서 유행하는 골프나 테니스와 같은 다양한 취미의 의미가 중요해진다.

SNS 계정도 하나만 쓰지 않고 취미 계정, 먹거리 계정, 여행 계정 등 용도에 따라 각각 만드는 경우가 많다. 기업 마케팅을 살펴봐도 세계관을 창조하는 콘텐츠가 늘고 있다. 이는 기업들이 Z세대의 특징을 반영하여 하나의 마케팅 방식으로 활용하는 것이다. 하지만 자신도 모르는 사이 이런 일에 익숙하다 보니 관련 마케팅에 더 큰 재미를 느끼는 건지도 모른다. 이제 공간을 만드는 건 너무나 익숙하고도 당연한 일상적인 일이 됐다. 코로나19 사태가 잠잠해지기 시작하면서 밖으로 많이 나가는 만큼 퇴근 후와 주말에 가상공간을 채우기 위한 실제 공간 활동은 더 많아질 것이다.

이렇게 자신을 분리하고 좋아하는 일을 찾아가는 Z세대에게 MBTI는 어쩌면 혜성과 같은 존재였을지도 모른다. 본인을 가장 잘 알 수 있고 쉽게 설명할 수 있는 방식이기 때문이다. 요즘은 이름 다음에 나이 대신 MBTI를 먼저 물어볼 정도로 MBTI를 통해 상대방의 특징을 파악하려고 한다. 상대에 관한 관심이라고 느낄 수도 있다. 하지만 이는 본인과 상대가 잘 맞을 수 있을지 테스트하는 방식이기도 하다.

필자는 E와 T 성향이어서 바깥 활동을 좋아하고 공감은 잘 못하지만, 현실적인 조언을 해줄 수 있다고 평가할 수 있다. 즉 MBTI를 통해 내가 잘하는 부분을 찾고 못하는 부분은 타고난 성격과 성향이 그런 것이라는 평가를 할 수 있다. 사람들이 '왜 이렇게 공감을 못 해줘?'라고 하면 내가 T라서 그렇다는 답변이 문제의 해결책이 될 정도다.

MBTI는 몇 년 사이에 생긴 성격 테스트가 아님에도 불구하고 2021년부터 유행하기 시작했다. 이에 따른 콘텐츠로 컬러, 스티커,

캐릭터 등 수많은 MBTI 테스트가 등장했다. 단순히 테스트만 하고 끝나는 게 아니라 이를 인스타그램 스토리에 공유하거나 단톡방에 올려 남들도 할 수 있도록 한다. MBTI처럼 본인이 뭘 잘하고 뭘 좋아하는지 알 방법이 없기 때문이다. 주기적으로 테스트를 하는 경우 역시 많은데 그 테스트 결과가 변할 때마다 "아, 내가 요즘 사회생활이 힘들구나." "요즘 사람들에게 너무 많이 치이기는 했다."라는 식으로 본인의 문제를 찾기도 한다.

티빙 오리지널에서 「MBTI vs 사주」가 방영되자 한국인이 환장하는 두 개를 붙여놓았다는 평가를 받았다. 자신의 성향을 알아보는 방법에 관심이 높아지고 있다. 자신에게 관심이 많은 사람이 자신에 대해 계속해서 알아가고 성취감을 조금씩 올리며 스스로에 대한 만족을 얻기 위함일 것이다. 자기만 챙기려는 이기주의가 아니라 무언가를 성취하기 힘든 이 세상에서 Z세대가 적응하고 살아가고자 하는 방식일 것이다. 세계관과 부캐 콘텐츠는 계속해서 유행할 것이다. 이들에게는 아이디로 로그인하고 로그아웃하는 것처럼 어떤 세상에 나를 넣고 빼는 것이 앞으로 더더욱 익숙해질 것이다.

유 퀴즈 온 더 블럭
: 다른 성공 기준을 찾는다

집단보다는 개인을 드러내는 구조를 만들고 싶어 한다

'유퀴즈에 나오는 상상'을 Z세대가 한다는 걸 커뮤니티 글을 통해 볼 수 있었다. 사실 tvN 예능 프로그램 「유 퀴즈 온 더 블럭」이 성공한 데는 흥행 보증 수표와 같은 유재석과 조세호가 진행자로 나온 것도 큰 이유겠지만 필자는 게스트로 나온 사람들에도 그 매력이 있다고 생각한다.

과거에는 「세상을 바꾸는 시간, 15분」 「서민갑부」를 포함한 시사 교양이나 다큐멘터리에 대부분 성공한 사람이 나왔다. 대박집 사장님이나 회사 오너가 등장하는 경우가 많았다. 그때는 '이 회사가 이걸 했다.' '이 회사는 대기업이니 입사하면 성공한 것이다.'라는 식으로 생각하며 집단과 결과를 중요시했다. 하지만 이제는 구성원과 과정에 집중한다.

예를 들어 아이돌 '뉴진스'에 대한 관심을 넘어 이들을 만든 민희진 대표가 궁금하다거나 「무한도전」을 만들었던 김태호 PD와 「뿅뿅지구오락실」의 나영석 PD가 프로그램에 같이 참여해 티키타카하는 걸 재미 포인트라고 생각한다. 신세계백화점 본점의 크리스마스 미디어사파드를 만든 사람이 누군지 궁금해하면 「유 퀴즈 온 더 블럭」에서 이런 궁금증을 풀어준다.

Z세대는 '신세계가 마케팅을 잘한다.'라는 생각에서 그치지 않고 '신세계의 부장님이 마케팅을 잘하고 저 부장님이 다니는 신세계에 취업하고 싶다.'로 발전하며 개인에게 집중하는 것이다. 유퀴즈는 이 점에 주목했다. 주변 Z세대에게 '성공의 기준'을 물으면 대부분 유퀴즈를 가장 먼저 떠올리는 이유다. "이러다 유퀴즈 나가는 것 아니냐?" "이걸로 유퀴즈 나가야지." 같은 우스갯소리를 할 정도다. Z세대는 개인 브랜딩에 주목한다. 쉽게 말해 개인 브랜딩은 '사람'을 보고 해당 브랜드를 사랑하게 되는 것이다. 과거에는 브랜드 모델인 연예인을 보고 브랜드를 선호했다면 이제는 제작자, 프로듀서, 기획자, 개발자 등을 보고도 그 브랜드를 선호한다. 그리고 내가 그 '제작자'가 될 수 있다고 생각한다.

회사의 구성원 중 한 명이 아니라 나만의 브랜드를 가지고 싶고 내가 주목받고 싶고 나는 특별하고 소중한 사람이라는 인식이 반영된 것이다. 이들에게 회사에 주인 의식을 가지고 충성해야 한다는 말은 너무나도 호소력이 없다. 회사 소속이지만 이 프로젝트는 OOO가 담당해서 성공한 프로젝트라는 개인 브랜딩 의식을 심어주는 것이 중요하다. 집단보다는 개인을 드러낼 수 있는 구조를 만들어야 한다.

 직장인의 브이로그가 한참 유행한 적이 있었다. 지금도 꾸준히 찍는 사람이 있고 보는 사람이 있어 수요와 공급이 적절한 콘텐츠다. 콘텐츠를 자세히 들여다보면 찍는 사람이 특정 기업에 종사하는 사람인 경우도 있다. 하지만 사람들이 확실히 직업에 집중한다는 것을 볼 수 있다. 아직 PD, 기자, 승무원으로 이름을 날린 사람은 아니어도 비슷한 나이에서 어떻게 이 직업을 가졌고 무슨 일은 하는지 궁금해하는 사람이 많다. 물론 브이로그로 대박 나서 퇴사하고 인플루언서가 되고자 하는 사람도 있다. 최근에는 기업이 홍보용으로 일하는 방식을 업로드하는 프로젝트들이 늘어나고 있다.

 예를 들어 모베러웍스나 빠더너스 등은 프로젝트 아이디어 회의를 하고 그 아이디어를 디자인하고 파트너사들과 미팅하는 모습과 과정을 영상으로 보여준다. 이들은 이를 통해 자사의 정체성을 만들고 동시에 기업 브랜딩을 하는 것이다. 시청자는 마치 이 상품을 함께 만들어가는 것 같은 느낌을 받고 프로젝트팀에 소속되어 함께 일하고 싶어진다. 또 프로젝트를 진행하는 사람에게 집중하게 된다. 하지만 이 영상과 콘텐츠를 누가 만들었는지 고객은 정확하게 인지하고 있다.

 이것과는 좀 다르지만 돌고래유괴단과 스튜디오좋 역시 좋은 사례다. 이들이 새로 소주의 광고를 만들고 빙그레우스와 병맛 광고 영상을 만들 때 과거 같으면 "빙그레 일 잘하네."라고 했을 것이다. 이제는

"빙그레우스는 스튜디오좋이 만든 작품이야."라고 반응하며 콘텐츠를 만든 회사에 집중하는 것을 볼 수 있다.

이렇게 기업보다는 콘텐츠를 만든 사람이나 제작팀에 관심이 많다 보니 Z세대는 항상 특별한 사람이 되고 싶어 한다. 반짝 유행했던 SNS인 '클럽하우스'와 '본디'는 공통점이 있다. 우리는 SNS 하면 흔히 유튜브, 인스타그램, 페이스북을 생각한다. 사실 이들 SNS가 너무 잘 되어 있어서 뚫고 들어가기가 쉽지 않다. 그런데도 잠깐이지만 클럽하우스와 본디가 이 시장을 뚫은 데는 이유가 있다. 바로 이들의 마케팅이 특별했기 때문이다. 이들 플랫폼에 가입한 사람은 특별한 사람이라는 느낌을 준 것이다.

클럽하우스가 처음 한국 시장에 들어왔을 때 개인당 3명만 초대할 수 있는 티켓을 줬다. 당시 주변 지인들에게 클럽하우스 초대장을 요청하기도 하고 중고 거래 마켓에서 구매하기도 하는 등 다양한 방법으로 초대장을 얻기 위해 노력하는 것을 볼 수 있었다. 본디 역시 마찬가지로 50명의 친구만 들어올 수 있는 아파트 구조의 메타버스 방을 만들었다. 추가로 본인의 개성을 보여줄 수 있는 캐릭터도 크게 한몫했다. 콘텐츠 외에 추가적인 수익 구조와 새로운 재미를 찾지 못해 빨리 사라졌지만 그만큼 급성장할 수 있었던 것은 '특별한 사람'만 들어올 수 있는 힙한 공간을 전면에 내세웠기 때문이다. 이는 Z세대가 가장 좋아하는 마케팅 방법이다.

자신의 개성을 존중해주고 자신이 주목받는 공간이라는 느낌이 Z세대에게는 엄청난 매력으로 다가왔을 것이다. 그러므로 클럽하우스

다음으로 나온 음성 플랫폼이 망할 수밖에 없었던 것은 그들의 마케팅을 따라 한 것이 아니라 그들의 플랫폼을 따라 했기 때문이다. '특별한'이라는 단어를 좋아하는 Z세대는 이런 세세한 부분에 빠르게 반응한다. Z세대는 디테일을 발견했을 때 상당히 좋아한다. 본인을 신경 쓰고 있다거나 존중받는다는 것이 느껴지기 때문이다. 노골적으로 뭔가 보여주지 않아도 Z세대가 별안간 눈물 흘릴 수 있는 디테일을 숨겨두는 게 필요하다.

카카오톡 친구 추가는 누구나 해봤을 것이다. 보통 급할 때만 쓰다 보니 필자 또한 한 번도 내 번호를 넣어볼 생각을 한 적이 없다. 온라인 커뮤니티에서 카카오톡에 본인 번호를 넣었을 때 나오는 문구가 이슈가 된 적이 있다. 눈물을 줄줄 흘릴 만한 포인트가 있었기 때문이다. 카카오톡 연락처 친구 추가에 본인 번호를 넣으면 "나 자신은 영원한 인생의 친구입니다."라는 문구가 나온다. 이런 디테일을 발견하면 Z세대는 SNS에 공유하고 싶게 마련이다. 이들은 이런 디테일과 존중을 발견했을 때 홍보를 자처하기도 하고 새로운 콘텐츠를 만들며 움직인다.

쌍방이 즐기거나 참여할 수 있는 콘텐츠에 열광한다

기업도 이제는 팬덤이 필요한 시대다. 기업들은 이런 이유로 캐릭터를 만들기도 하고 사회 활동을 하면서 Z세대의 마음에 들기 위해 최선의 노력을 기울이고 있다. 최근 '마케팅 맛집'이라고 평가받는 기업들을 보면 공통적인 특징이 있다. 일방적인 콘텐츠가 아니라 쌍방이 즐기거나 참여할 수 있는 콘텐츠를 많이 제작하는 것이다.

단순히 댓글을 달 수 있게 하거나 시청하면서 참여할 수 있게 하는 정도가 아니다. 기업이 자신들에게 도움을 준 고객을 직접 찾아 감사를 표시하는 마케팅을 시도하는 것이다. '이 사람을 찾습니다.'라는 마케팅 문구를 내놓거나 브랜드 10주년 기념 파티 등에서 해당 브랜드와 초성이 같은 이름을 가진 고객을 찾는 이벤트가 그 간단한 예다.

이 밖에 기업이 도움이 되는 피드백을 해준 고객을 직접 찾기도 한다. 맘스터치가 '맛둥이는나다'라는 닉네임을 가진 배달의민족 사용자를 찾아 나선 게 대표적이다. 이 사용자는 배달의민족을 통해 한 맘스터치 지점에서 햄버거를 주문해 먹은 뒤 닭다리 살이 다른 지점에 비해 작다는 내용의 컴플레인을 남겼다. 컴플레인을 확인한 지점 사장은 직접 닭다리 살 크기를 비교했고 사실로 드러나자 본사에 신고했다. 본사는 이 사용자를 찾아 사례했다. 사실 제품 품질 관리 측면에서 큰 비판을 받을 수 있는 일이었다. 그런데 이를 재미로 승화시켰다. 위기를 역이용해서 자사 음식을 자주 먹어주고 문제를 찾아준 고객을 존중하고 소통하는 기업 이미지를 심은 것이다.

이마트도 최근 한 사람을 애타게 찾고 있다. 이마트는 올해 창립 30주년을 맞아 기존 이마트 CM송을 윤하와 적재 같은 유명 아티스트가 부른 버전으로 공개했다. 8년 전 발표된 이마트 CM송이 부활한 데는 한 유튜버의 공이 크다. 그를 이마트가 열심히 찾아다니고 있다. 자기 얼굴이나 신분을 공개한 유튜버가 아니기 때문에 이마트는 'sake L'이라는 아이디만으로 추적하고 있다. 이마트 CM송을 포함한 단 2개 영상만으로 19만 구독자를 보유하게 된 유튜버라 다른 단서도 부족하다. 이 유튜버가 수년 전 만든 화제의 영상은 기존 이마트 CM송을 2배속으로 편집한 것이다. 섬네일에 광기 어린 엘모 캐릭터를 사용한 게 특징이다.

얼핏 보면 특별할 게 없지만, 이 영상의 킬링 포인트는 노래를 들으면 들을수록 엘모 캐릭터가 점점 커진다는 것이다. 5시간짜리 이 영상을 틀어놓고 어떤 일을 하면 더 빨리 진행할 수 있고 또 빨리해야만 할 것 같은 느낌이 든다. 이마트는 단순히 30주년 기념 CM송만 내놓은 게 아니라 'sake L'이라는 유튜버를 찾는 콘셉트로 몇 년 전 유행을 다시 '끌올'하고 있다.

이런 방법을 두고 단순한 마케팅이 아니냐고 생각할 수 있다. 하지만 이런 방법은 기업이 브랜드를 좋아하는 사람들에게 관심을 두고 있다는 것의 표현이다. 또한 자사를 좋아해주는 사람들에게 감사의 마음을 표현하는 섬세한 방식이자 간접적인 존중의 방식이다. 이런 마케팅을 본 고객은 기업의 마케팅을 SNS에 공유한다. 이 과정에서 자신은 기업에서 찾는 특별한 사람이라는 어필을 할 수 있는 것이다. 이렇게 된다면 당연히 기업이 나서지 않아도 사람들 사이에서 공유가 된다. 사람들은 기업에 관심을 가질 수밖에 없다.

남 일에 관심 많고 배울 점 많은 시니어를 좋아한다

세상의 시선에서 보는 Z세대는 할 말을 다 하고 힙한 걸 좋아하는 세대다. 그렇다면 이들이 말하는 '힙'이란 뭘까? 힙$_{hip}$은 뒤에 '하다'를 붙인 '힙하다.'라는 말로 자주 쓰인다. 보통 개성 있고 유행을 주도한다는 뜻이다. Z세대는 힙하기 위해서 위험을 감수하고 불편함도 참는 것 같아 보이지만 사실 전혀 아니다.

물론 불편함이라는 단어에는 여러 가지 의미가 들어가 있다. 예를 들어 신발을 몇 사이즈 큰 걸 신고 다닌다거나 바지 밑단이 길어서 바닥에 끌리는 것은 불편한 것이 아니라 힙한 것이다. 하지만 반대로 편리함을 위해 두었다는 키오스크는 전혀 힙한 것이 아니다.

2033년을 상상해서 콘텐츠를 찍는 유튜버 '퀵서비스'에 부모님이 키오스크 강의를 듣는 콘텐츠가 올라왔다. 사실 이건 웃어넘길 일이 아니라 최근 사회의 큰 이슈다. 어르신 세대보다 Z세대가 키오스크의 문제를 더 많이 지적한다. Z세대에게 힙은 불편하면 절대 붙일 수 없는 단어다. 기계를 보고 딱 한 번 '와, 이게 힙이지.'라고 생각했던 적이 있다. 바로 어르신들을 위해 화면 글씨를 큼직하게 해놓은 은행 현금자동인출기$_{ATM}$이다.

아무리 Z세대라도 무조건 간지 나는 키오스크보다 한 번에 딱 알아볼 수 있는 걸 좋아한다. 직관적이고 편리하기 때문이다. 불편함이 깔린 힙은 Z세대도 꺼린다. Z세대를 '내 맘대로' 세대라고 생각하는 사람들이 있다. Z세대가 남 일에 관심 없고 나이 많은 사람을 배척한다는 것이다. 하지만 절대 그렇지 않다. 2022년에는 할머니 마케팅 붐도 불어 할머니 입맛의 검정깨와 쑥 메뉴가 유행했다. 할머니와 할아버지라는 단어는 Z세대에게도 추억을 불러일으켰다. 어딘지 모르게 그리움이 깃든 말이라 절대 외면하지 못하는 것이다. Z세대에게 공존은 중요하다.

이들이 생각하는 힙한 것에는 몇 가지 의미가 추가로 있다. 유튜브나 틱톡에서 시니어 분들이 출연하는 콘텐츠가 뜨거운 반응을 얻은 사실에서 알 수 있다. 배우 나문희 선생님이 틱톡 데뷔를 하겠다고 발표했다. 틱톡에서 사람들이 나문희 선생님의 사진을 사용해 '문희 열립니다' '고구마를 활용한 제로투' 등 웃긴 아이디어를 선보였다. 대부분 틱톡 도전을 응원한다는 메시지를 담고 있었다. 배우 이순재, 노주현, 백일섭 선생님도 방송인 조나단의 '동네스타K2'에 출연해 주목을 받았다. 예상 외로 신조어 퀴즈를 잘 맞히고 과거 커뮤니티에서 화제가 된 어르신의 아메리카노 주문을 패러디해 큰 웃음을 줬다.

Z세대에게 이런 시니어 분들이 만드는 콘텐츠는 힙한 것이다. 나이라는 틀을 깨고 새로운 도전을 하며 젊은 세대의 문화를 함께하기 때문이다. Z세대는 절대 SNS를 자신들만의 공간이라고 생각하지 않는다. 밀라논나와 박막례 할머니 같은 힙한 할머니들이 Z세대에게 큰 반응을 얻은 까닭도 배울 점이 많았기 때문이다. 이들은 빠른 변화에 적응할 수 있는 세대지만 그 변화 속에서도 혼자만 살아남으려 하지 않고 다 같이 공존하기를 원한다.

커뮤니티에 부산국제영화제를 방문한 한 할아버지에 관한 에피소드가 올라온 적이 있다. 할아버지는 영화를 굉장히 좋아하는 분 같다. 부산국제영화제에 영화 시간표를 직접 종이에 적어와서 표를 사려고 했다. 하지만 당일에 살 수 있는 표가 없어 실망했다가 우여곡절 끝에 한 편을 볼 수 있게 되어 할아버지는 기뻐했다. 이 상황을 알게 된 글쓴이는 인터넷으로만 예매할 수 있는 시스템이 편리할 수는 있지만 모두에게 같은 기회가 열린 것은 아니라고 문제를 제기했다.

힙한 것을 즐기는 Z세대는 사회에 관해 관심을 갖지 않는다고 생각되지만 실상은 그렇지 않다. 함께 사는 데 불편하다고 생각하면 바로 이슈를 제기한다. 이들에게 불편한 것은 어느 한쪽에게만 유리해서 공존할 수 없다거나 지속가능한 미래를 위협하는 것이다. 그런 것은 아무리 디자인이 좋고 사진 찍기 좋아도 불편한 것이다.

이 밖에도 트위터(현 X)에 특정 카페를 고발하는 사진들이 계속 업로드된 적이 있었다. 힙한 카페나 예쁜 카페가 SNS에 자주 올라오니 특별한 일이 아니라고 생각할 수 있다. 하지만 이 카페들은 분명 한국의 카페인데도 모든 메뉴와 디자인이 영어로 돼 있어 한글을 찾아보기 힘든 수준이었다. 물론 카페 사장만의 감성을 담은 것으로 생각할 수도 있을 것이다. 하지만 메뉴를 읽을 수가 없어서 아는 음료인 아메리카노만 시킬 때의 기분을 알까? 당연히 좋은 반응이 많지 않았다. "여기가 한국임을 알아라. 젊은 사람만 그 가게를 이용하는 것이 아니라는 점을 인지하면 좋겠다." 같은 반응이 주를 이뤘다.

누군가 불편함을 느끼는 것을 정말 불편해한다

우리가 함께 살아가는데 누군가 불편함을 느낀다면? Z세대는 이걸 정말 불편해한다. 하지만 반대로 이들이 불편함을 감수하고 즐기는 때도 있다. 이 불편함은 반대로 힙한 것이 된다. 플라스틱 없는 삶, 일회용 용기가 없는 삶 같은 말은 이제 참신하지 않을 정도로 많은 Z세대가 실천하고 있다. 이를 가치소비라고 한다. 순간적으로 귀찮을 수는 있지만 그 불편함을 감수하는 걸 힙하다고 말한다. 환경은 정말 Z세대에게 중요한 키워드다. 이미 250만 명의 인구가 환경을 위해 비건을 선택했다. 이들에게 텀블러와 장바구니는 필수 아이템이고 패션의 하나가 됐다. 관심사가 유행보다 더 중요하다 보니 기업도 환경 키워드를 넣어 팝업스토어를 열거나 플로깅(plogging)을 하는 등 마케팅을 폭넓게 진행한다.

ESG의 뜻은 잘 몰라도 그것이 중요한 키워드라는 사실을 모르는 Z세대는 없다. 못생긴 과일을 사는 것도, 환경을 생각해 빨대 없이 커피를 마시는 것도 ESG라고 한다면 눈치로 대충 착한 일을 하는 것이 ESG라고 생각하게 될 테다. 그러니 당연히 기업들은 미래 고객인 Z세대가 좋아하는 ESG를 챙기지 않을 수 없다. 장바구니를 직접 들고 다니거나 숟가락 통과 텀블러를 가지고 다니며 일회용품 사용을 줄이는 것은 기본이다. 이제 환경보호는 당연한 일이 됐다. 더 나아가 컵라면 용기나 콜라 캔에 시각장애인이 불편하지 않게 점자를 넣는 일이 얼마나 중요한지를 알고 있고 이런 일을 하는 기업들을 착한 기업이라고 말한다.

예를 들어 매일유업은 희소병 아동을 위해 우유를 만든다. Z세대는 자신들과 관련이 없지만 좋은 일을 한다는 이유로 그 제품을 고르고 돈쭐을 내주겠다고 벼르고 있다. 즉 Z세대는 개인만의 신념이나 가치가 누구보다 중요한 사람들이다. 채소가 예뻐서 뭐 하겠느냐며 '어글리어스' 앱을 사용해 사연 있는 못난이 채소를 구매하기도 하고 폐휴지를 줍는 어르신들에게 일자리를 제공하는 '신이어마켓' 앱에서 필요한 노트 등을 구매한다. 이렇게 신념을 갖고 소비하는 무언가가 하나씩은 다들 있을 것이다. 왜 이런 불편함을 감당하는가? 그건 앞에서 말한 것처럼 함께 살아가는 데 필요한 불편함이기 때문이다. 개인주의는 피해받는 것을 싫어하지만 피해를 주는 것 역시 싫어한다. 즉 사회의 불편함을 누군가 감당할 때 그 불편함이 없어진다고 하면 그건 당연히 모두가 조금씩 나눠서 감당해야 한다고 생각하는 것이다.

Z세대는 이기적인 세대가 아니라 공존을 생각하는 세대다. 개인이 개인에게 피해를 주어서는 안 된다는 건 물론이고 공동체를 위해 불편함을 감수하고 지구와 약자를 위해 한 번 더 생각하고 실천하는 태도가 필요하다는 것을 잘 알고 있다. 이러한 공존의 예로 개그맨 지석진과 김수용이 카페 투어를 다니는 프로그램을 들 수 있다. 필자가 편견에 사로잡혀 있었음을 반성하게 된 부분이 50대라고 카페에 갈 수 없는 것도 아니고 안 가고 싶은 것도 아닌데 신기하게 느낀 점이었다. 두 사람은 카페 외에 놀이동산도 함께 가고 사진도 찍어 올리면서 Z세대에게 인기가 급상승했다. SNS에 올라온 지석진과 김수용이 출연한 영상에 '아버지와 함께 갔는데 좋아하셨다.' '하고 싶은 거 다 즐겁게 하는 모습이 보기 좋다.'라는 댓글이 있었다.

이전에도 지석진은 틱톡커로서 Z세대의 관심을 끌었다. 편집 실력이나 틱톡 유행 챌린지를 하는 모습 등으로 틱톡 하면 떠오르는 연예인이 됐을 정도다. 나이와 상관없이 힙한 카페에 방문하고 누구나 힙하게 옷을 입는 게 진짜 Z세대가 바라고 생각하는 힙한 것이다.

스마트폰과 인스타그램
: 디지털 리터러시를 개발한다

텍스트보다는 이미지와 영상에 월등히 강하다

'사흘' '연패' '심심한 사과'

문해력 논란 이슈가 발생할 때마다 각종 커뮤니티와 뉴스 콘텐츠는 Z세대의 무식에 대해 지적한다. 윗세대들은 당연히 아는 단어이겠지만 Z세대로선 당연히 모르는 단어라는 생각이 들기도 한다. 이전 세대와 비교해 한자에 대한 중요성이 떨어졌고 제2외국어와 제3외국어를 하는 사람들은 더 증가했기 때문이다. 초·중등교육에 한자 수업이 있기는 하지만 사실 내신에서 중요성이 떨어지고 한자 한 단어를 외우는 것보다 영어 한 단어를 외우는 게 유리한 세상에 살고 있는 것이 사실이기 때문이다.

예를 들어 Z세대가 길에서 영어를 못 읽는 건 신기하게 보일 정도지만 한자를 못 읽는 건 당연한 느낌을 받는다. Z세대가 살아온 세상과 이전 세대가 살아온 세상은 너무나도 다르다. 이들은 무언가를 새로 시작할 때 서점으로 달려가지 않는다. 유튜브 영상만 몇 개 봐도 전문가처럼 순간적으로 무언가를 할 수 있고 무엇을 사야 더 좋은 건지를 알 수 있기 때문이다. 노션이 처음 워크툴로 등장했을 때 이를 책으로 공부하는 사람보다 인터넷으로 검색하거나 유튜브에서 배우는 사람이 훨씬 많았다. 사실 어쩌면 이는 뉴스에서 심각하게 이야기하는 문해력이 감퇴되어서 생긴 문제라기보다는 또 다른 장점에서 나오는 다름이 아닐지 싶다.

세대를 구별하는 방법 중 최근 가장 유명한 것 몇 가지를 말하자면 전화 받는 손동작과 검색창이 있다. Z세대와 알파 세대*는 어릴 때부터 스마트폰을 사용했기 때문에 과거처럼 엄지와 새끼손가락을 귀에 붙이는 게 아니라 스마트폰을 잡는 손동작을 취한다고 한다. 이처럼 궁금한 게 있을 때 Z세대에게 '검색 어떻게 해?'라고 물어보면 네이버나 구글이 아니라 유튜브에서 검색한다고 한다. 글을 읽는 것보다 영상을 보는 것이 편하기 때문이다. 즉 이들은 텍스트보다는 이미

---

* 알파 세대Generation Alpha는 2010년 이후 태어난 세대로 디지털 기술을 다루는 데 매우 능숙한 세대를 말한다.

지에 강한 세대다. Z세대는 네이버가 아니라 유튜브로 검색한다는 말이 있다. 네이버에서는 글로 된 게시물을 읽어야 하지만 유튜브에서는 영상 섬네일만 봐도 내용이 이해되는 경우가 많기 때문이다. 유튜버들은 조회수를 높이기 위해 가장 명확하면서도 이목을 집중시키는 섬네일을 제작한다.

만약 섬네일로 이해가 안 되더라도 글을 읽기보다 영상을 보고 듣는 게 Z세대에게는 더 익숙하다. 영상은 2배속으로 볼 수 있는 반면 글은 속독이 쉽지 않다. 영상은 이미지로 되어 있기 때문에 굳이 소리를 듣지 않아도 보고 따라 하는 것이 어렵지 않다. 예를 들어 스카프를 예쁘게 맬 수 있는 방법을 찾아볼 때 글로 읽는 것보다 영상을 보고 직접 따라 하는 것이 쉽기 때문이다. 이에 Z세대는 문해력과 활자 이해력이 떨어진다는 평가를 받기도 하지만 반대로 이미지에 대해서는 이전 세대보다 적응력이 뛰어나다. 사진 등을 이용한 유행이 늘어나는 것도 이 같은 Z세대의 특징과 관련 있다.

과거에는 특정 장소를 방문하면 그에 대한 감상평을 글로 작성했다. 이제는 인스타그램 스토리에 다녀온 장소의 로고를 찍어서 올리거나 자신이 먹은 음식이나 가장 인상 깊었던 작품을 사진으로 찍어서 올린다. Z세대가 스토리를 자주 업로드하는 이유다. 한 주에 비슷한 아이템이 몇 개씩 스토리에 올라오곤 한다. 이것만 파악해도 현재 유행이 무엇인지 대략 감을 잡을 수 있다. Z세대는 당장 눈앞에 보이는 걸 자유롭게 찍어 아무 때고 스토리에 올린다. 어디를 가고 어떤 물건을 사는지가 고스란히 드러나기에 지금 어느 카페와 식당이 유행하는지 등을 알 수 있다.

　아마 제일 긴 글을 쓰는 SNS가 네이버 블로그일 것이다. 블로그 역시 글보다는 사진 위주로 올리고 그 사진에 대한 설명이나 당시 상황을 설명하는 경우가 많다. SNS를 꾸준히 해온 세대이기 때문에 본인의 일상을 기록하는 것에 익숙한데 글로 기록하기보다 사진 한 장으로 본인의 일과를 남기거나 한 해를 결산하기도 한다. 연말이 되면 꾸준히 올라오는 게시물이 1월부터 12월까지를 하나의 영상이나 한 장의 사진으로 보여주는 것이다. 매달 다른 착장이나 가장 인상적이었던 장면들을 한 장의 사진으로 구성하는 것이다. 아마 열두 달 영어 단어 발음에 음을 붙여 만든 쇼츠 영상을 다들 한 번씩은 만들어보고 봤을 것이다.

　Z세대는 연말 정산을 각종 앱으로 한다. 대표적인 예가 스포티파이와 유튜브 뮤직과 같은 음악 앱이다. 이들 앱은 올해 내가 가장 많이 들었던 음악을 영수증으로 뽑아주기도 하고 한 장의 그림으로 내 음악 성향을 보여주기도 한다. 이 밖에도 진저호텔, 트리 만들기 등 롤링페이퍼 방식의 앱이 있다. 트리 만들기는 누군가 편지를 써주면 트리가 하나둘 채워지는 기능을 활용하여 이미지로 표현했다. 이렇게 모든 걸 이미지로 해결하다 보니 한 장의 사진이 주는 의미가 더 클 수밖에 없을 것이다.

자신의 표현 수단으로 사진과 이모티콘을 사용한다

사진을 빼고 Z세대를 설명할 수 없다. 이들에게 가장 큰 추세가 된 것이 사진이다. 최근 '인생네컷'을 포함하여 무인 사진관, 셀프 사진관, 사진 전문 스튜디오가 급격하게 증가한 것을 볼 수 있다. 최근 길거리에 나가보면 인생네컷 사진을 찍는 무인 사진관이 없는 장소가 없다. 심지어는 한 골목에 다섯 개의 매장이 있기도 하다. Z세대는 기록을 중요하게 생각한다. 그렇기에 브이로그와 사진을 많이 찍어 간직한다. 인생네컷 역시 본인을 기록하는 방법의 하나이다. Z세대는 술자리 마침표를 인생네컷으로 찍는다. 인생네컷을 찍는 데는 큰 의미가 있는 건 아니다. 하지만 헤어지기 전 이 사진을 안 찍으면 아쉬워서 발걸음이 떨어지지 않는다. 술자리에서 다 같이 단체 사진이나 셀카를 찍는 것을 대신하여 인생네컷을 찍는 것이다.

오늘 우리가 모였다는 것을 다양한 포즈를 취해 4컷이나 6컷 사진에 담아 인스타그램에 업로드함으로써 인증한다. 술집에서 대충 찍은 사진과 달리 누군가 못 나오는 것 없이 공평하게 나올 수 있고 사진을 출력할 수도 있다. 이런 사진 찍기 유행은 다양한 포즈나 각도를 유행시키기도 했다. 볼하트, 갸루피스, 곰돌이하트 등 다양한 하트 모양이 유행하게 된 데는 인생네컷의 역할이 컸다. 친구들과의 기록 말고 프로필 사진도 최근의 인스타그램에서 자주 볼 수 있다. 유명한 작가에게 사진을 찍기 위해서는 보통 한 달 전에 예약하고 기다려야 한다. 이런 사진을 1년에 한 번씩 꾸준히 찍는 경우도 많다. 한 살씩 나이를 먹을 때마다 사진으로 자기 모습을 남기기 위함이다. 프로필 사진으로 나의 1년을 기록하고 한 해 동안 고생한 나를 위해 작은 선물을 주는 것이다.

Z세대에게 자신을 표현하는 중요한 수단은 글보다는 사진이다. 따라서 이들에게 친숙한 방법으로 다가갈 방안을 찾아야만 할 것이다. 기기의 변화가 찾아올 때마다 유행하는 SNS가 달라지고 표현하는 방식이 달라진다. 과거 2G폰을 사용했을 때만 해도 이미지를 첨부하면 추가 요금이 발생했기 때문에 숫자나 문자로 이모티콘을 보냈다. 이제는 사진 전송이 요금이 들지 않는데도 답변하기 귀찮거나 애매한 상황에서는 이모티콘으로 텍스트의 의미를 대신한다.

대표적으로 새해 인사를 건네는 문자를 보면 알 수 있다. '자축인묘진사오미신유술해'라는 십이지신은 Z세대에게 익숙지 않은데 새해가 시작되면 너도나도 보내는 새해 인사 문자 속에 올해의 동물 이모티콘이 자리 잡고 있다. 올해의 동물을 나타내는 이모티콘 자리다툼은 생각보다 치열하다. 올해는 '새해 복 많이 받으세요.'라고 카카오톡에 글만 써도 이모티콘 플러스를 구독한 사람은 수많은 용 이모티콘을 만날 수 있다. 십이지신은 몰라도 2024년은 갑진년으로 푸른 용의 해라는 건 알 수 있다.

올해의 동물을 활용한 마케팅 방안 역시 등장하는 걸 쉽게 볼 수 있다. Z세대를 잡고자 올해의 동물을 활용한 다양한 마케팅은 새해 첫날부터 한창이다. 2022년에는 무직타이거를 안 본 사람이 없을 것이다. Z세대가 호랑이 하면 바로 떠올리는 캐릭터가 무직타이거라서 재작년에 수많은 기업이 무직타이거와 컬래버레이션을 하며 새해 이벤트를 진행했다. 작년인 2023년에는 '그냥 그런 토끼'가 인기였는데 되게 유연하게 몸을 움직이면서 사람을 열받게(?) 하는 이모티콘을 한 번쯤 받아봤을 것이다. 그냥 그런 토끼는 코카콜라와 협업해 이모티콘을 만들었다.

    Z세대에게 이모티콘이 없으면 대화가 불가능하다. 그만큼 이모티콘은 중요하다. 기업들이 Z세대를 잡기 위해 이미지를 활용한 마케팅을 할 수밖에 없다. 세대에 따라 강한 것과 약한 것이 달라짐에 따라 마케팅에도 변화가 생기는 것이다. 따라서 문해력 부족을 Z세대의 단점으로 바라보기보다는 이들에게 편한 방식을 활용하여 더 쉽고 재밌는 콘텐츠를 제작해보는 방법이 훨씬 바람직할 것이다.

라이프스타일 2

쩝쩝박사가 되어
레시피를 만든다

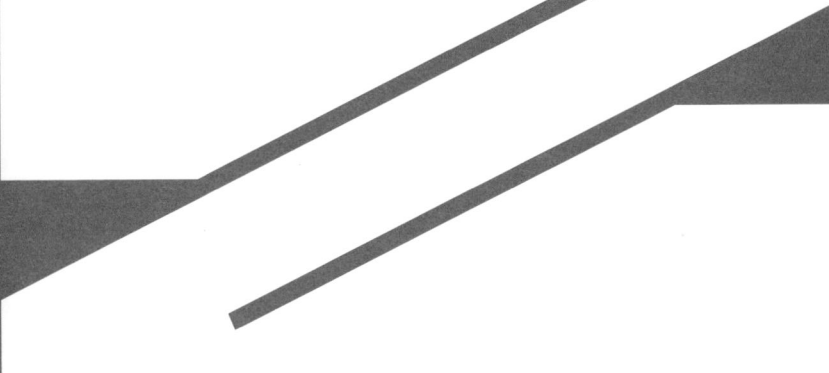

라이스페이퍼 불닭쌈 튀김
: 쩝쩝박사가 되어 제철음식을 즐긴다

괴식도 되고 미식도 되는 제철 음식 레시피를 만든다

한국인은 누구보다 밥에 진심이다. 우연히 누군가를 만나면 "밥 먹었어?"라고 인사하고 예의상일지라도 "밥 한번 먹자."라는 말을 꼭 한다. 10·20대 커뮤니티에 이런 내용의 글이 올라온 적이 있다. 한국인은 소중한 사람과는 "콩 한 쪽도 나눠 먹는다."라고 하고, 협박할 때는 "국물도 없다."라고 하고, 바쁜 사람은 "나 요즘 밥 먹을 시간도 없어."라고 말한다는 것이다. 이를 보면 얼마나 밥에 진심이냐는 것이다. 먹거리로 장난치면 지옥에 가기 전 엄마한테 등짝 스매싱을 당하지만, 요즘은 장난으로 만든 요리가 레시피가 되고 상품으로도 출시된다.

Z세대가 사용하는 SNS인 틱톡, 유튜브, 인스타그램을 보면 눈을

의심케 하는 레시피가 많이 나온다. 아마 시작은 달고나 커피였을 것이다. 달고나 커피가 처음 유행할 때 "한국인은 나태 지옥에 절대 갈 수 없다."라는 말이 나돌았다. 400번을 저어 만든다는 달고나 커피를 모두가 만들어 SNS에 인증했다. 달고나 커피는 프랜차이즈 커피 전문점 메뉴가 됐다. 사실 이건 음식도 음식이지만 한국인이 절대 나태 지옥에 갈 수 없는 이유가 되기도 했다. 이후 수많은 레시피가 SNS에서 유행하고 있다. 맛은 잘 모르겠지만 정성은 엄청나게 들어가고 모양은 신기한 음식이 많이 등장하고 있다. 괴식이 될 수도 있고 미식이 될 수도 있는 SNS 제철 음식들은 종류도 다양하다.

특히 틱톡과 쇼츠가 발전하면서 이런 제철 음식의 유행은 더 본격적으로 변화하기 시작했다. 요리하는 화면을 3분 이상이 넘어가는 구성으로 보여주면 지루할 수 있다. 하지만 조리하는 데 필요한 시간이 30분이 넘는 요리를 단 30초에서 1분으로 보여준다면 이것 역시 보는 재미가 쏠쏠하다. 그리고 SNS 제철 음식의 가장 큰 특징은 맛이 궁금하다는 것이다. 누가 봐도 저 음식이 진짜 맛있겠다는 생각이 드는 것은 몇 개 없다. 하지만 시중에서는 사서 먹을 수 없는 음식들이라서 한 번쯤은 그냥 해보고 싶게 만든다. 예를 들어 체다치즈 100장과 함께 끓여 먹는 라면, 꿀 젤리, 아이스크림 파스타 등은 누가 봐도 조합이 별로일 것 같지만 시도해보고 싶어진다. 이렇게 먹을 것과 관련한 콘텐츠가 늘어나다 보니 동시에 이들을 지칭하는 언어도 유행하고 있다. 레시피를 만드는 것이 유행하다 보니 Z세대는 웬만하면 다 쩝쩝박사 학위 정도는 가지고 있다.

이 쩝쩝박사는 척척박사의 척척을 맛있는 음식을 먹을 때 나는 소리인 쩝쩝으로 바꿔 만든 단어로 맛에 대해 박사만큼 똑똑한 사람들을 말한다. 쩝쩝박사 말고도 '최소 하버드대 맛잘알학과' 등의 단어도 있다. 맛 학위를 가지고 만들어가는 것이 바로 SNS의 제철 음식이다. 유튜버 '한세'가 SNS에서 유행하는 음식을 모아 ASMR(자율감각 쾌락 반응)을 제작하고 'SNS 제철 음식'이라는 제목을 썼다. 이보다 정확한 표현은 없을 것 같다. 제철 음식이라고 할 때 2월에는 딸기, 3월에는 달래처럼 건강한 음식이 떠오른다면 그냥 학교 다닐 때 공부를 열심히 한 사람이다. 이제 교과서에 나오는 제철 음식이 아니라 SNS와 커뮤니티에 올라오는, 지금 유행하는 제철 음식이 무엇인지 생각해야 진정한 쩝쩝박사가 될 수 있다. 매달 제철인 음식이 정해져 있는 것처럼 SNS에서 이달 또는 이 시즌에 유행하는 음식을 SNS 제철 음식이라고 한다. 제철 음식의 유행은 틱톡이 활성화되며 함께 활성화되기 시작했다. SNS 유행 음식만 만드는 셀럽들이 따로 있을 정도로 이제는 어디서 유행하는지는 모르지만, 유행됐는지는 모두 알 수 있게 되었다.

가장 대표적인 예로 SNS 제철 음식 중 '라이스페이퍼 불닭쌈 튀김'이 있다. 이 제품은 조리를 통한 직접 커스텀이 필요한 제품이기에 시중에서 판매하기는 어렵지만 한때 먹방 유튜버들이 직접 해 먹는 게 유행이었다. 그래서 다들 먹방 유튜버들이 이 음식을 먹는 것을 본 적이 있을 것이다. 이 레시피가 점점 발전해서 팽이버섯 불닭 등으로 업그레이드되었는데 지금도 먹방 채널에서 찾아볼 수 있다. SNS에 소개된 대표적인 제철 음식을 몇 가지 소개해보고자 한다.

먼저 위에서 설명한 라이스페이퍼 불닭쌈 튀김이 가장 대표적인 예인데 만들기도 쉽고 재료도 간단하다. 불닭볶음면, 체다치즈, 라이스페이퍼만 있으면 된다. 먼저 불닭볶음면을 끓인다. 라이스페이퍼를 물에 담갔다가 꺼내고 그 위에 불닭볶음면을 올린다. 그 위에 4등분한 체더치즈를 올리고 라이스페이퍼로 싼다. 프라이팬에 기름을 두른 후 약불에 라이스페이퍼 불닭쌈을 튀긴다. 이렇게 간편하게 조리할 수 있으며 맛있을 수밖에 없는 조합이기 때문에 집에서 간단히 만들어 먹기도 좋다.

이외에도 치킨 무에 사이다를 섞어서 만드는 에이드나 청포도에 설탕을 더해서 얼려 만드는 청포도 캔디 등이 있다. SNS 제철 음식이 궁금하다면 유튜브에 검색하면 되고, 틱톡을 손가락으로 계속 넘기다 보면 만나고 싶지 않아도 레시피를 만나게 된다.

자신의 취향과 의견을 반영해 맞춤 콘텐츠를 만든다

최근 온라인상에서 흔하게 볼 수 있는 밈이자 드립 중 하나로 '폼form 미쳤다.'가 있다. 어감만으로도 '대박이다.'라는 뜻으로 쓰인다는 걸 금방 알 수 있다. 카타르 월드컵에서 '중·꺾·마(중요한 것은 꺾이지 않는 마음)'만큼이나 자주 보인 단어다. BJ 이주헌의 「이스타TV」 방송에서 처음 쓰기 시작해 유튜브 채널 「김종호」 먹방에서 유행하여 번지게 된

용어다. 축구나 각종 스포츠 해설을 할 때 자주 쓰였는데 뭔가를 잘하거나 '장난 아니다.'라는 느낌을 받을 때 누구나 쓰는 유행어가 된 것이다. 이 용어가 진짜 유행하고 있다는 사실은 최근 유튜브 제목들만 봐도 알 수 있다.

Z세대에게는 손에 꼽히는 폼 미친 맛잘알 레시피가 있다. MZ라는 단어가 없으면 방송이 안 된다고 할 정도로 유행을 찾아가고 만들어 가는 예능 프로그램 「나 혼자 산다」에서 연예인들이 선보이는 다양한 레시피들이 유행하고 있다. 여기서 Z세대 입에서 "폼 미쳤다."는 말이 절로 나오는 레시피들이 대거 등장한다.

대표적인 예로 얼그레이 하이볼과 기범주가 있다. 박나래가 보여준 얼그레이 하이볼은 너무 맛있어서 앉은 자리에서 12잔을 마셨다고 해서 화제가 되었다. 기존 하이볼처럼 위스키에 토닉워터를 넣고 거기 얼그레이 시럽을 넣어서 만든 술이다.

기범주는 소주에 홍차를 섞어서 만든 술이다. 소주 하면 당연히 맥주를 섞어 먹는다고 생각하겠지만 이제는 소주 하면 토닉과 홍차를 섞어 먹는 게 당연하게 되었다. 홍차가 뜬금없다고 생각할 수 있지만 기범주를 한번 맛보면 바로 이해할 수 있다. 원래는 홍차의 한 종류인 실론티를 우려 넣었지만, 진로가 토닉 홍차를 출시하면서 진로소주에 진로 토닉 홍차를 섞는 경우가 많아졌다.

이렇게 유행하는 상품을 직접 출시한 모디슈머$_{modisumer}$ 제품을 우리 주변에서 이제 쉽게 찾아볼 수 있게 되었다. 모디슈머는 수정하다는 뜻의 모디파이$_{modify}$와 고객이라는 뜻의 컨슈머$_{consumer}$를 합친 신조어로 자신의 입맛에 맞게 레시피를 재창조하는 고객을 말한다. 이렇게 방송 외에도 SNS에서 소소하게 유행하며 제품까지 출시된 사례들이 있다. 투게더에 오일과 후추를 뿌려 먹으면 맛있다고 들었을 때는 "이게 맞아?"라는 반응을 보이게 만드는 레시피들도 있다. 하지만 직접 해 먹어본 사람들의 소소한 입소문을 타면서 오뚜기 순후추 아이스크림으로 출시되기도 했다.

코로나19를 기점으로 집에서 직접 이것저것을 섞어서 만드는 다양한 레시피가 SNS에 올라오기 시작했다. 이런 레시피의 대표적인 예로 '순두부 열라면', 너구리에 카레를 추가한 '카구리' '진라면 볶음밥' 등이 있다. 이것들은 실제로 출시되기도 했다. MZ 고객이 직접 조합하고 먹어본 음식이 SNS에서 화제가 되면 정식 출시하여 더 편하고 입맛에 맞게 먹을 수 있게 한 것이다. 기존 모디슈머 제품들이 SNS에서 유행한 것을 가져온 것이라면 신라면은 반대 방향으로 모디슈머 제품을 출시했다. 메타버스 플랫폼 제페토에 '신라면 분식점'을 열고 라면 끓이기 대회를 개최했다. 그리고 여기서 만들어진 제품으로 '신라면 제페토 큰사발'을 출시했다.

이러한 마케팅이 꾸준히 유행할 수밖에 없는 이유는 Z세대가 단순히 받아들이는 것에 익숙한 세대가 아니기 때문이다. 직접 자신의 취향을 반영하고 맞춤화하여 콘텐츠를 만들어내는 것이 일상인 세대다. 이것은 단순히 SNS나 콘텐츠에서만 나타나는 현상이 아니다. 모든 마케팅에서 이들은 자신의 취향과 의견이 반영되기를 원한다. 음식 콘텐츠로 예를 든다면 1분 레시피나 쇼츠 레시피들이 유행하는 이유 중 하나일 것이다. 댓글로 자신이 먹어본 조합을 알려주면 유튜버들이 만드는 영상이다.

　시청자 입장에서는 자신이 말한 것을 반영하여 콘텐츠가 되어서 좋고 유튜버 입장에서는 꾸준히 콘텐츠가 생겨서 좋은 것이다. 앞으로도 개인들이 조합해서 먹어본 맛잘알 레시피가 끊임없이 만들어질 것이다. 이에 따라 모디슈머들을 겨냥한 식음료$_{F\&B}$ 시장의 마케팅도 지속될 수밖에 없다.

오마카세와 파인다이닝
: 음식 소비의 기준을 바꾼다

오마카세와 파인다이닝을 특별한 경험이라고 생각한다

편의점에 갔다가 눈을 의심하게 만든 제품이 있었다. 비락식혜 제로였다. 당연히 탄산음료에만 제로 상품이 나온다고 생각했는데 토닉워터도 제로고 이온 음료도 과자도 제로다. 이건 Z세대의 갓생 문화에서 파생된 하나의 현상이다. 건강을 관리하고 다이어트를 할 때 제로 음료를 선택하게 되면 죄책감이 들지 않기 때문이다. 당연히 음료 회사들은 이를 반영할 수밖에 없을 것이다.

이런 경향은 소소한 제품부터 문화에까지 영향을 미친다. 대표적인 예로 종이 빨대가 있다. 많은 카페가 빨대 때문에 우여곡절이 많았다. 종이 빨대가 맛에 영향을 미치고 잘 녹는 등 이슈가 많이 있었지만 환경을 생각하는 Z세대 때문에 ESG를 포기할 수 없었다. 지금은 안정적으로 그 시장이 흘러가는 것 같다. 이외에도 라벨 없는 페트병 등도 환경을 생각하는 문화로 자리 잡아가고 있다. 어떤 측면에서는 단순히 이것을 마케팅이라고 바라볼 수 있겠지만 Z세대가 만들어가는 하나의 좋은 문화라고도 생각한다. 이들은 나, 환경, 미래 등에 관심이 많다. 나를 생각한다면 환경과 미래를 배제할 수 없는 것이 당연할 것이다.

이 밖에도 Z세대가 유행시킨 식문화가 많이 있다. 우선 최근 Z세대 식문화 중 가장 이슈가 된 것은 오마카세와 파인다이닝일 것이다. 오마카세는 평균 7만 원대의 금액을 내야 먹을 수 있는 것이다. 그런데 오마카세를 안 먹어본 Z세대를 찾는 것이 더 힘들지 않겠냐는 생각이 들 정도다. 오마카세와 파인다이닝에 가면 Z세대를 많이 볼 수 있다. 이런 현상을 부정적으로 생각하는 사람들은 "보여주기식 삶이다." "SNS가 만들어낸 부정적인 이슈다."라고 말한다. 하지만 필자는 이를 꼭 부정적으로만 바라볼 필요는 없다고 생각한다. "고기도 먹어본 놈이 먹는다."라는 옛말이 있다. 필자는 오마카세나 파인다이닝이 하나의 경험을 구매하는 것으로 생각한다. 만약 단순한 과소비로 치부한다면 식문화는 발전할 수 없을 것이다. 예를 들어 파인다이닝 코스는 가게마다 다르고 셰프들은 입만 즐겁게 하는 것이 아니라 눈까지 즐거운 음식을 선보인다.

오마카세와 함께 주류 붐도 일었다. 2023년 기준으로 소주보다 위스키 판매량이 더 많다는 결과가 나왔다. 이는 주류 시장의 다양화가 기반이 되기도 했지만 앞에서 말한 가치소비의 의미 또한 크게 작용

했다. 우선 오마카세와 파인다이닝과 같은 고급 식당이 유행하다 보니 주류 금액과 가치가 높아진 것도 있다. 고급 식당 외에도 2021년부터 꾸준히 내추럴와인이 유행하기 시작했다. 서울 용산에 있는 용리단길이 활성화된 것은 내추럴와인바 때문이라고 해도 과언이 아니다. 내추럴와인바에 가면 와인을 추천하는 코스가 있다. 이 코스에는 사장님이 보통 다섯 병의 와인을 가지고 와서 맛과 사연을 소개하는 시간이 있다. 이를 SNS에 찍어서 올리는 것이 하나의 유행이 되며 내추럴와인바에 한 병에 약 8만 원에서 10만 원 정도의 금액을 내고 오는 사람들이 많아졌다.

다양한 분위기의 바가 많이 생기면서 위스키를 경험하기 위해 방문하는 사람들이 늘어났다. 아직 주류 배달은 불법이지만 전통주는 유일하게 인터넷으로 주문할 수 있어서 다양한 막걸리 브랜드들이 생기게 되었다. 이는 코로나19의 영향도 크다. 팬데믹 당시 밖에서 술을 마시려면 인원과 시간 등에 제한이 생겼다. 그러면서 사람들이 집에서 술을 마시게 되었고 소주 외에 맛있는 술을 마시는 것이 유행하면서 위스키나 전통주 등을 집에 갖추는 사람들이 많아졌다. Z세대가 오마카세를 특별한 경험이라고 생각하는 것처럼 새롭고 맛있는 주류를 마셔보거나 직접 바에 방문하는 것 역시 경험을 구매하는 것이라고 생각한다.

경험이라는 것은 당연히 돈을 내고 해야 한다

Z세대가 식당에 가는 것은 단순히 음식을 즐기러 가는 것만이 아니다. 사진을 찍으러 가든 인테리어를 구경하든 모든 경험이 가격에 포함된다고 생각한다. 정확히 말하면 경험 소비에 돈을 아까워하지 않는 것이다. 이들은 문화생활에 익숙하다. 아이돌 팬 사인회나 문화를 즐기기 위해서도 돈을 쓰고 좋아하는 굿즈를 구매하는 데도 돈을 쓰는 세대다. Z세대에게 경험이라는 것은 당연히 돈을 내고 해야 하는 것이고 오마카세와 파인다이닝도 하나의 문화생활이다. 그래서 오마카세는 단순히 초밥이나 일식만 제공하지 않고 순대, 디저트, 차 종류까지 계속해서 제공하고 경험할 수 있게 한다.

결론만 보았을 때 이러한 경험이 더해진 식문화가 나오면 나올수록 종류는 더 다양해질 것이다. 또 오마카세라는 단어는 이제 음식에만 쓰이는 단어가 아니다. 콘텐츠나 네일 등 다양하게 꾸밀 수 있는 것에 오마카세라는 단어가 쓰이고 있다. 이는 최근 오마카세라는 단어에 사람들이 익숙해진 현상과 관련이 있다. '주인장 마음대로'라는 콘셉트를 그대로 가져와 SNS에서 그림을 그려주는 콘텐츠로 활용되기도 한다. 또 네일숍에서는 오마카세 네일이라고 해서 사장님 마음대로 일정 금액을 정하고 마음에 드는 분위기의 사진을 골라서 주면 맞춤형으로 서비스를 제공하기도 한다. 음식에서 시작되었지만 이렇게 주인 마음대로 커스텀하는 문화로까지 확장된 것이다. 이러한 확장이 명품 브랜드가 파인다이닝 레스토랑을 열게 된 이유일 것이다.

최근 루이비통, 구찌, 디올 등 명품 브랜드가 도산공원과 성수동 일대에 연 매장은 단순 팝업스토어가 아니다. 파인다이닝 레스토랑으로 브랜드의 콘셉트를 가장 잘 보여줄 수 있는 고급 음식과 디저트 등을 판매하고 있다. Z세대 고객을 사로잡으려면 기존의 방식대로 비싼 가방이나 의류를 판매하기보다는 10만 원대 식사를 판매해서 미리 브랜드를 경험하게 하는 것이 유리하다. 자사 브랜드에 친숙해지게 함으로써 미래 고객으로 유치할 수 있기 때문이다. 맛집으로 브랜딩을 하는 마케팅은 회전율이 높고 단가를 조정할 수 있다. 누구나 올 수 있고 오고 싶은 경험을 담은 공간을 만들기에도 가장 효과적이다. 또는 컬래버를 진행해 브랜드를 경험할 수 있도록 한다면 가장 폭넓은 마케팅이 될 수 있을 것이다.

반갈샷
: 먹기 전에 인증하다

뭔가를 찾아내 어려움을 무릅쓰고 구매하는 데 익숙하다

빵을 찾아다니는 Z세대가 많다. 포켓몬 빵 때문에 띠부띠부씰을 모으는 게 유행이었고 '연세우유 생크림빵'이 맛 때문에 난리가 나기도 했다. 원래도 유명했지만 새로 나온 '메론생크림빵'에 대한 후기가 많다. 봉지를 뜯자마자 멜론 냄새가 팍 나서 다들 엄청 맛있겠다는 생각이 든다고 한다.

이 빵 시리즈가 인기인 건 빵을 절반으로 갈라서 올리는 '반갈샷'에서도 확인이 가능하듯이 크림이 거의 80%가량을 차지하기 때문이다. 크림이 그렇게 많은 건 빵을 먹다 크림 없어 입 안이 퍽퍽해지는 대참사를 피하기 위해서다. 트위터에 생크림빵으로 검색만 해도 대다수

글에서 메론생크림빵 이미지를 볼 수 있다. 생각보다 편의점에 없어서 아침부터 찾으러 다녀도 구하기 힘들다는 후기가 대부분이다.

Z세대는 이제 뭔가를 찾아내 구매하는 데 그 누구보다 익숙하다. 오히려 구하기 어려운 것을 구했을 때 쾌감을 즐긴다. 이 구하기 어려운 것 중 가장 큰 이슈를 차지했던 것은 '원소주'였다. 팝업 줄부터 시작해서 피켓팅까지 있을 정도였다. 소주 한 병을 구하기 위해 줄을 서는 사람 수는 마치 샤넬 백 오픈런을 뛰는 사람 수가 아쉽지 않을 정도였다. 매일 11시에 알람을 맞춰두고 직장인과 학생 가릴 것 없이 다 같이 도전해 그 한 병을 4명이 나눠 먹기도 했다.

코로나19 당시 감자를 팔지 못하는 농민들을 위해 강원도에서 감자를 대신 팔아주는 것으로 시작한 '포케팅(포테이토+티켓팅의 합성어)'은 오징어, 곰취, 아스파라거스 등으로 이어져 다양한 상품을 온라인으로 구매하는 행위를 유행시켰다. 싼 가격에 좋은 물건을 받을 수 있고 어려운 농가를 돕는다는 의미 있는 소비도 할 수 있어서 시작됐는데 인기를 끌면서 콘서트 티켓팅 같은 열기를 불러일으켰다. 이 이벤트는 티켓팅 문화를 식품 분야에 채용한 시초가 됐다. 약과를 티켓팅을 통해 구매하는 약케팅과 감자떡 티켓팅 등을 비롯하여 다양한 음식 티케팅이 있다. 특산물을 구매하여 지역 상권을 살리고 ESG까지 실천할 수 있는 음식 티켓팅은 앞으로도 활발할 것이다. 이러한 쾌감의 경험이 바탕이 되어 코로나19 이후 오프라인 활동이 활발해지며 웨이팅 문화로 이어지고 있다.

tvN의 「줄 서는 식당」은 SNS에서 소문난 웨이팅 맛집을 찾아가는 프로다. 이런 맛집은 웨이팅 번호가 26번, 50번, 86번 이런 수준이다. 도대체 언제 들어갈 수 있나 싶지만 요즘은 흔하게 받는 웨이팅 번호다. 용산, 성수동, 도산공원, 삼청동 등 줄을 안 서는 장소를 찾아보기 힘들 정도로 웬만한 장소를 들어가기 위해서 웨이팅은 기본 문화가 되었다. 오픈런을 뛰어서 샤넬 매장을 가기도 하고 베이글을 먹기 위해서 아침 7시부터 줄을 선다. '테이블링'이라는 줄 서는 앱을 활용하기도 하고 심지어 웨이팅을 서주는 직업이 등장했을 정도다.

웨이팅은 하는 순간부터 SNS에 인증이 가능하다. 이런 식당들의 특징은 '여기가 그곳이다.'라고 인증을 할 수 있는 소품이나 그 가게만의 시그니처 메뉴가 있다는 것이다. 물론 로고도 하나의 시그니처가 될 수 있는데 SNS에 올렸을 때 '너 런던베이글 갔네?' '미뉴트 빠삐용 성공했네.' 같은 반응을 끌어낼 수 있어야 한다는 뜻이다. 최근 웨이팅 붐이 불었던 브랜드로 도넛 가게 '노티드'가 있다. 노티드는 캐릭터나 스마일이라는 마스코트가 있거나 가게 외관이 브랜딩을 갖추고 있다. 대충 찍은 사진 한 장으로도 노티드에 왔음을 인증할 수 있다.

팝업스토어의 경우 웨이팅을 할 때부터 사람들이 즐길 수 있는 콘텐츠가 있어야 한다. 고객에게 브랜드가 만든 성격 테스트를 제공하거나 경품 당첨과 같은 이벤트를 제공하는 등 기다리는 사람들이 지루하지 않게 해야 한다. tvN의 팝업스토어 '즐건제일'은 기다리는 사람들이 인생샷을 찍을 수 있는 포토존을 만들기도 했다. 이제는 웨이팅을 할 준비가 된 Z세대를 맞이한다는 생각을 가져야 한다. 줄 서서 기다리라고 하기보다는 줄 서 있을 때 할 수 있는 콘텐츠를 준비하면 된다. 그럼 이를 즐기는 Z세대가 SNS에 입소문을 낼 것이다. 줄 서는 것에 불만이 없다고 해서 내버려둘 게 아니라 웨이팅 시간을 파고들 수 있는 하나의 마케팅 방안을 찾아야만 한다.

긴 웨이팅을 감수하고 갔다면 밥만 먹고 끝내지 않는다

맛집의 경우에는 웨이팅 방법이 좀 다르다. 고객으로 하여금 줄을 서서 그냥 기다리게만 하지 않고 다른 방식을 준비한다. 대기해야만 들어갈 수 있는 가게가 있는가 하면, 문자 후 5분 안에 와야만 들어갈 수 있는 가게가 있다.

후자의 경우 앞에서 대기할 필요가 없어서 자연스럽게 근처 카페나 술집 등으로 인파가 분산된다. 이렇게 되면 가게 앞에 줄 서는 사람이 없으니 마케팅 효과가 떨어진다고 생각할 수 있다. 하지만 가게 앞이 사람들로 붐비는 효과는 오픈 초반에만 필요할 뿐이다. 가게 앞에서 마냥 기다리게 하면 줄 서서 할 수 있는 콘텐츠를 제공하는 것도 아니기 때문에 오히려 인기를 떨어뜨리는 요인이 될 수 있다. 사람들이 동네 가게들로 분산되면 그 동네에 ○리단길, 힙○○ 등의 명칭이 생기게 된다. 하나의 가게를 넘어서 동네 자체가 유행하는 효과를 낼 수도 있다.

맛집의 옆집을 가는 효과라는 게 있다. 사실 모두가 웨이팅을 하면서까지 맛집에 가지는 않는다. 그런데 혹시 오늘 눈치 게임에 성공할 수도 있다는 생각에 그 근처까지 가기도 한다. 그렇게 해서 맛집의 옆집까지 유명해지는 경우가 있다. 최근 유행하는 동네에서 이런 효과가 크게 나타나고 있다. 최근 신당동이라는 동네가 힙당동이라는 명칭을 얻으며 유명해지기 시작했다. 이제는 인파가 몰리는 가게가 하나만 있어도 동네 상권이 살아나는 시대라는 말을 정확히 보여주는 예시다. 과거에는 신당동이라고 하면 떡볶이나 신점이 제일 먼저 떠올랐다. 그러다 보니 어른들께 요즘 신당동이 유행이라고 하면 그 동네에 뭐가 있냐며 당황해할 정도다.

최근 주신당이라는 신당동의 콘셉트와 십이지신의 콘셉트를 잘 살린 술집이 하나 등장했다. 그 술집이 입소문을 타기 시작하며 맛집의 옆집까지 유명해졌다. 술집 하나에서 신당동이라는 동네로 유행이 확장된 것이다.

웨이팅에 대한 부정적인 시각은 여전히 있다. 시간 낭비라고 생각하는 사람도 있고 저렇게까지 특정 가게에 가야 하는가 생각하기도 할 것이다. 하지만 반대로 생각해보면 긴 웨이팅을 감수하며 몰려드는 인파가 밥만 먹고 끝낼까? 전시도 보고 카페도 가고 술도 먹는다면 자연스럽게 동네 상권이 살아나는 것이다. 만약 특정 행사를 할 수 있는 장소를 찾는데 힙하고 유명한 동네로 가기에는 금액적으로 부담이 된다면 바로 옆을 노리는 것도 방법이다.

해시태그
: 사람 아닌 SNS와 밥을 먹는다

맛집, 혼밥, 먹방 콘텐츠가 진화하고 있다

목요일에 여섯 명이 적당히 술을 마시고 집에 편하게 갈 만한 곳이 어디 있을까 하고 고민한 적이 있다. 이때 단톡방에 '야만나'라는 서비스가 등장했다. 만날 사람들의 위치를 파악해 중간 지점을 찾아주는 앱이었다. 물론 서울 지리를 잘 아는 사람은 이런 앱 없이도 대충 홍대 앞이나 강남역의 중간 지점을 찾을 수 있다. 하지만 야만나를 활용하면 계산기로 가격을 계산하듯 중간 지점을 찾을 수 있다. 이렇게 약속 장소를 찾으면 대충 아무 집이나 들어가게 된다.

익숙하지 않은 지역에서 맛집을 찾기란 쉽지 않다. 이럴 때 쓰면 유용한 앱이 두 개가 있다. 바로 위치 기반으로 맛집을 추천하는 앱이다. '푸딘코'는 SNS에서 맛집을 소개하던 인플루언서가 만든 앱이다.

이 앱은 위치 동의를 하면 바로 지금 내 위치 기준에서 맛집 리스트를 지도로 쭉 보여준다. 유명한 메뉴나 리뷰까지 다 작성이 되어 있어서 맛있는 식사를 할 수 있는 곳을 쉽게 찾을 수 있다. '데이트립' 역시 비슷한 앱이다. 이 두 앱의 차이는 푸딘코는 앱의 주인만 맛집을 지정할 수 있다면 데이트립은 여러 사람이 작성할 수 있고 맛집 외에도 핫플이나 팝업스토어 등이 정리되어 있다. 또 덕질하는 사람들을 위한 트위터 해시태그 검색 페이지가 있다. 예를 들어 기존 검색 사이트에 용산 맛집이라고 검색하면 70%는 광고라고 볼 수 있다. 이러한 검색 결과의 문제를 제거하고 진짜 맛있는 음식을 좋아하는 사람들에게 맛집을 추천하고 싶은 마음으로 만든 페이지다.

　덕질하는 사람들이 본인의 최애가 오면 좋아할 음식을 관련 해시태그와 최애 이름을 함께 써서 검색할 수 있게 해놓은 것이다. 과거 엑소 백현은 팬이 자기가 알바하는 집이 맛집이라고 해서 찾아간 적이 있었다. 이를 차용해서 이제는 연예인이 간 맛집이 아니라 팬이 최애에게 추천하고 싶은 진짜 맛집으로 해시태그를 달아서 검색되게 만든다. 처음에는 '#○○을위한맛집대동여지도' '#○○아밥먹어' 등으로 팬들만 아는 문구로 해시태그를 달았는데 이런 불편함조차 줄이는 트위터 검색 기능이 생겨서 지역만 검색하면 바로 찾을 수 있다. 이렇게 푸딘코, 데이트립, 트위터와 같은 앱이야말로 쓰기 편리하면서도 맛있는 식사를 할 수 있게 해주는 진정한 밥 친구라고 할 수 있다.

　몇 년 전 마마무 화사가 MBC의 「나 혼자 산다」에서 곱창을 혼자 먹는 장면이 나왔다. 그 장면을 시작으로 유튜브 「튀르키예즈 온 더 블럭」에서 신기루가 아침에 고기구이를 혼밥하는 모습을 보여주었다. 그러면서 자연스럽게 혼밥을 어디까지 할 수 있는지를 주제로 이야기가 나왔다. 혼밥을 하는 게 과거에는 좀 부끄러운 일이었다면 요즘은 달라졌다. 식당에서 한 손님이 고기를 먹으려고 주문하려니 사장님이 2인분부터 주문할 수 있다며 거절했다. 그러자 그 손님은 혼자 5인분을 먹어 환영받는 사람이 되었다고 한다. 이 이야기는 SNS 올라온 썰이다. 여기에 그치지 않고 혼밥에 대처하는 식당 썰까지 등장했다.

사실 '혼밥' 하면 가장 먼저 생각나는 가게가 '하이디라오'다. 혼밥이 콘텐츠가 되는 식당이기 때문이다. 하이디라오에 혼밥을 하러 가면 앞좌석에 인형을 앉혀주고 면을 만들어준다. 이런 서비스를 유튜브를 포함한 각종 SNS에 쇼츠 영상으로 찍어서 올리는 사람들 덕분에 하이디라오는 입소문을 타게 되었다. 훠궈 하면 혼자 먹기 어려운 식당이라는 편견을 깼고 사람들은 하이디라오에서 혼밥 콘텐츠를 찍어 올렸다. 혼밥 콘텐츠의 대명사는 누가 뭐래도 당연히 '먹방'이다. 콘텐츠 자체가 혼자 밥을 먹는 영상이기 때문이다.

먹고 싶은 걸 참고 싶어서 먹방을 보는 사람도 있지만 혼자 밥을 먹을 때 같이 먹는 느낌이 좋아서 먹방을 보는 사람도 있다. 유튜버 '융덕(본명 정윤지)'은 먹방이나 학교 이야기를 주로 올린다. 특히 마라탕을 좋아해 마라탕 먹방을 자주 하고 마라 없이는 못 산다는 제목의 콘텐츠를 찍곤 했다. 마라탕을 좋아하는 사람들이 융덕의 콘텐츠를 종종 찾아볼 정도로 인지도가 생기자 '마라덕'이라는 채널을 만들고 다양한 마라탕을 먹는 영상을 계속 올렸다. 가장 유명한 영상은 자매가 마라탕을 먹는데 언니가 마라탕을 너무 좋아해서 말하는 것까지 중국인 같아졌다는 내용의 쇼츠 영상이다. 푸주와 두부 발음이 진짜 중국인 같아서 이 영상을 처음 쇼츠로 봤을 때 엄청나게 웃었다. 알고 보니 마라덕의 영상이었다.

아무튼 마라탕을 좋아해 맨날 먹으러 다니던 융덕은 결국 마라탕 가게를 열었다. 이제는 직원들과 마라탕을 먹는 영상을 올리고 있다. 처음에는 별생각 없이 보았는데 가게까지 열자 뭔가 주말 연속극의 해피엔딩을 본 기분이었다. 혼자 밥 먹는 걸 찍는 먹방도 점점 진화한다. 이제는 특이한 음식을 많이 먹는 콘텐츠는 한물갔다. 먹방을 기반으로 식당을 차리거나, 가게에서 준비한 음식을 많이 먹어서 다 팔아준 덕분에 사장님이 일찍 퇴근할 수 있게 한다거나, 너무 조금 먹는 소식좌를 등장시키는 식으로 콘텐츠에 스토리가 필요한 세상이다.

밥 친구로 사람 대신 클립 영상을 선택한다

혼밥을 할 때 가장 중요한 것은 콘텐츠다. 어떻게 하면 심심하지 않게 밥을 먹을 것인가가 중요하다는 것이다. 이제는 누구나 에어팟, 버즈, 이어폰을 필수로 가지고 다니기 때문에 혼밥을 한다고 해도 밥만 먹는 사람은 없다. 얼마 전에 본 기억나는 광고가 하나 있다. 주문한 음식이 나왔는데 밥을 먹으면서 뭘 볼지를 고르지 못해서 결국에는 다 식어 맛없는 음식을 먹게 된 사람의 이야기를 담고 있었다. 현실 고증이 제대로 된 광고라고 생각했다. 혼밥을 할 때 Z세대에게 필요한 것은 바로 '밥 친구'다. 여기서 말하는 밥 친구는 살아 있는 사람이 아니라 콘텐츠를 말한다. 유튜브나 구독 채널을 열었을 때 바로바로 볼 수 있는 게 가장 중요하다.

특히 밥 친구로 클립 영상을 선택하는 사람이 많다. 실제로 KBS에서는 예능 클립을 잘라서 올릴 때 해시태그로 '#밥친구'를 달기도 했다. 밥 친구는 언제 봐도 이해가 되어야 한다. 가장 사랑받는 콘텐츠는 「신서유기」 「무한도전」의 특정 에피소드를 콘셉트를 가지고 자른 영상이다. 필자는 혼밥을 할 때 「무한도전」이나 드라마 클립 영상을 많이 본다. 이 영상들은 보통 15분에서 20분 정도의 영상으로 제작되어 한 끼 먹을 때 보기에 딱 알맞은 길이다. 영상이 한 시간 정도 되면 밥 먹을 때 볼 영상으로는 너무 길다고 느껴져 클릭하지 않을 것이다. 따라서 시간 역시 중요한 요소다.

만약 콘텐츠 제작을 하고 있다면 '#밥친구' 해시태그를 사용해 밥 먹을 때 보기 좋은 길이의 영상을 제작해보자. 타깃이 명확해 사람들이 순식간에 유입할 수 있게 만드는 방법이 될 수 있다. 또 밥 친구의 공통점은 어느 편부터 시청해도 바로 이해할 수 있다는 것이다. OTT 플랫폼에서 추천 콘텐츠 알고리즘만 돌릴 게 아니라 밥 먹을 때 보기 좋은 드라마나 예능 클립을 만들고 해시태그를 달면 사람들을 유입하기 좋을 것이다.

Z세대도 1인 가구가 늘어나고 있어서 2일에 한 번쯤은 혼자 밥을

먹는다. 물론 정말 인싸라면 혼밥을 하는 일은 없을 것이다. 하지만 혼밥은 삶의 루틴과 연관된 측면도 있다. 이제 더 이상 이상한 게 아니라 당연한 문화다. 이런 식문화는 콘텐츠에 영향을 줄 수밖에 없을 것이다. 직접 콘텐츠를 만드는 일도 있다. 음식을 인증하는 콘텐츠다. 그냥 사진 한 장만 찍으면 되는 거 아니냐고 생각하겠지만 인증 방법도 다양하다. 제일 간단한 방법은 인스타그램의 필터를 활용하는 것이다. 음식과 관련된 필터를 사용하거나 특이하게 사진을 찍을 수 있다. 아무래도 인스타그램은 스토리에 음식 사진이 제일 많이 올라오다 보니 다양한 필터를 갖추고 있다. 필터 외에도 부메랑 효과의 촬영이나 잔을 '짠' 하고 맞대는 효과를 활용하여 3초 정도의 짧은 영상으로 인증을 하기도 한다.

최근에는 연예인 포토카드를 들고 찍은 음식 사진을 본 적이 있을 것이다. Z세대는 본인이 좋아하는 연예인의 포토카드를 모은다. 이 포토카드를 가지고 음식 앞에서 사진을 찍는 것이다. 친구들과 밥을 먹을 때는 각자 최애의 포토카드를 들고 사진을 찍는다. 입을 벌리고 있는 연예인의 사진 속 입 안에 음식이 들어 있는 것처럼 사진을 찍기도 한다.

이런 것만 봐도 Z세대는 혼자 콘텐츠를 만들고 제작할 능력을 충분히 갖추었다는 것을 알 수 있다. 하지만 반대로 생각하면 콘텐츠 없이는 살 수 없는 세상이 되었다. 사람이 사는 데 제일 중요한 게 밥이다. 밥을 생각하면 바로 떠오르는 콘텐츠를 만든다면 가장 성공 확률이 높은 시장을 뚫고 들어갈 수 있을 것이다.

파 맛 첵스와 제티
: 금지된 것을 먹는다

어릴 때 못 먹은 걸 먹고 먹기 싫은 걸 거부한다

용가리, 콜팝, 제티.

이 음식의 공통점은 Z세대가 어렸을 때 어른들이 먹지 못하게 하거나 용돈으로 먹기에는 한계가 있어 배불리 먹지 못한 음식들이다. Z세대에게 어른이 되는 기준은 먹고 싶은 걸 마음대로 먹는 것이다. 마치 자취를 하면 가장 큰 장점이 엄마가 집에 없는 것이고 가장 큰 단점도 엄마가 집에 없는 것과 비슷한 현상이라고 할 수 있다. 검색창에 '어른 제티'라고만 검색해도 제티 두 개를 우유에 타 먹을 수 있는 어른이 되었다는 말이 나온다. 심지어 1.5리터 우유 통에 제티를 한 가득 타서 마시는 제티 플렉스 사진들도 많다.

이런 어른을 겨냥해서 만든 BHC의 제품 중 하나가 거대 콜팝이다.

학생들이 제일 좋아하는 간식인 콜팝은 용기의 작은 칸에 치킨이, 큰 칸에 콜라가 들어 있는 음식이었다. 그런데 아예 콜라를 빼고 거대한 통에 치킨만 가득 담은 데다 뿌링클로도 변경할 수 있게 기존 콜팝을 개조했다. 돈 버는 어른들이 환장하는 제품 중 하나를 만든 것이다. 이 제품들 외에도 약국에 가면 먹을 수 있었던 텐텐이나 고가 아이스크림인 하겐다즈와 엑설런트 등이 있다. 지금 생각해도 이 제품들은 살짝 고가다. 하지만 이제는 내가 돈을 버니 이 정도는 냉장고에 가득 넣고 먹을 수 있는 멋진 어른이 되었다고 인증할 수 있다. 1년 전 링키바가 다시 등장했을 때 사람들이 미친 듯이 찾아서 구매했던 것 역시 어릴 때 못 해본 플렉스를 이제는 내 돈으로 할 수 있기 때문이다.

 Z세대가 어릴 때 하지 못했던 결핍을 이용한 마케팅이 대세다. 식음료$_{F\&B}$ 시장에서 '다시 돌아온'이나 '더 커진'은 마치 구매를 불러일으키는 치트키 같은 존재가 되어버렸다. 이런 제품들은 마케팅을 진행할 때 스토리도 필요가 없다. 용가리 치킨이 5.5배 커져서 등장했을 때도 그랬다. 맛과 가성비를 떠나서 어릴 때 못 먹은 거 실컷 먹고 싶다는 마음이 더 강하기 때문이다. 최근 큰 포장 구매용 커피 컵에 담긴 구슬 아이스크림을 들고 다니는 사람들을 종종 길에서 볼 수 있다. 큰 사이즈의 구슬 아이스크림 역시 찐 어른의 맛을 느끼게 해준다. 포켓몬 빵을 찾아 헤매고 다니는 것도 희귀한 스티커를 찾아 상품을 타고 싶어서가 아니다. 어릴 때 못했던 플렉스를 하고 인증을 하고 싶은데 구하기 힘드니 더욱더 미친 듯이 찾게 되는 것이다.

 먹을 걸 플렉스할 수 있는 경제력을 갖춘 어른인 Z세대에게는 먹고 싶은 것을 선택하고 먹고 싶은 만큼 먹을 수 있다는 사실이 굉장히 중요하다. 이제는 어른이 되었기 때문에 먹고 싶은 것 정도는 본인이 원하는 대로 먹어야 한다는 것이다. 여기에 본인의 취향을 고려하는 것도 중요하다. 먹기 싫은 음식을 거부할 권리가 생겼기 때문에 오이, 민트초코, 하와이안 피자가 꾸준히 논란의 중심이 서게 된다. 이 세 가지는 호불호가 갈리는 음식이다. 민초파와 반민초파는 한국 사람이라면 누구나 아는 논란 중 하나다. 치약 맛이냐 상쾌한 맛이냐의 논란이다. MBTI를 물어보는 것처럼 이 취향을 물어보는 것이 유행한 적이 있었다. 하와이안 피자 역시 호불호가 갈리는 음식인데 구운 과일 때문에 그렇다. 이제 이런 음식들은 같이 먹는 상대방에게 호불호를 묻지도 않고 바로 주문하면 매너가 없는 사람이 될 수 있다. 싫어하는 사람이 있을 수 있는 음식이라는 인식이 생겼기 때문이다.

고수는 아직 한국 사람에게 익숙한 맛이 아니기 때문에 3대 논란에서는 빠진다. 하지만 유전자에 따라 누군가는 고수에서 바디워시나 퐁퐁 맛이 난다고 한다. 오이 역시 느끼는 맛이 사람마다 다르다고 한다. 오이 싫어하는 사람들이 서브웨이를 좋아하는 이유가 오이를 뺄 수 있기 때문이다. 배달 음식을 시킬 때도 요청 사항에 오이를 빼달라고 하는 경우가 있다. 반대로 극혐하는 요소를 가지고 마케팅을 하는 일도 있다. 만우절에 '명랑핫도그'가 오이핫도그를 만들어서 판매했는데 오이 혐오자들에게 욕을 먹으며 뜨거운 반응을 얻었다. 이 밖에도 오이케이크 등 말도 안 되게 오이를 조합한 음식으로 오싫모(오이를 싫어하는 사람들의 모임)를 열받게 만들어 화제가 되기도 했다.

반대로 이런 사람들의 호불호로 인해 김밥을 커스텀하는 가게도 생겨났다. 내가 먹고 싶은 것만 넣은 김밥이라 사람들에게 환영을 받는다. 특히 최근에는 김밥 가게에 오싫모를 위한 김밥이 생기기도 했다. 매번 "오이 빼주세요."라고 말해야 하는 번거로움을 줄일 수 있게 만든 것이다. 커스텀을 반영한 식당이나 문화가 환영받는 이유는 비건이나 소식좌 등 식습관이나 먹는 양이 사람마다 다르다는 것을 이해하고 존중하는 분위기가 점점 확대되기 때문이다. 이런 식당이 많이 생길수록 개인의 가치관, 취향, 식성이 존중받을 수 있을 것이다.

얼마 전 유튜브에서 0.5인 분의 음식을 판매하는 중식당을 본 적이 있다. 적게 먹는 소식좌에게만 좋은 일이라고 볼 수도 있으나 여러 메뉴를 다양하게 시켜 먹기를 좋아하는 사람에게도 선택권이 보장돼 혁신적이라고 생각했다. 고정된 방식으로만 음식을 팔던 식당들이 기호에 맞게 메뉴와 양을 다양화하는 것도 개성이 확실한 Z세대 등장 이후 두드러진 긍정적 변화 중 하나다.

없는 메뉴를 커스텀해서 재미와 함께 소비한다

Z세대의 심리를 바탕으로 식음료 시장에는 커스텀이나 직접 만들어보기와 같은 마케팅이 유행하고 있다. 이건 모디슈머와는 다르다. 모디슈머는 유행하는 레시피를 바탕으로 한 제품을 실제로 출시하는 것이라면 커스텀은 없는 메뉴를 고객의 의견을 받아들여 신제품으로

출시하는 것이다. 물론 이때는 이게 괴식이든 끔찍한 혼종이든 만들어야 한다. 그래서 확실히 이슈가 되고 있다.

이러한 마케팅의 시작이자 성공 사례는 첵스초코다. 첵스초코는 새로운 맛을 가지고 투표를 한 적이 있다. 초콜릿 맛은 착한 캐릭터이고 파 맛은 초콜릿을 괴롭히는 나쁜 캐릭터였다. 사실 착하고 나쁘고를 떠나서 파 맛 시리얼을 우유에 말아 먹으면 누가 봐도 맛이 없을 것이라는 생각을 할 것이다. 하지만 원래 인생은 마음대로 움직이지 않는 법이다. 파 맛이 우승을 하는 바람에 파 맛 첵스가 세상에 나오게 됐다. 한정판으로 출시한 것이기는 하지만 시리얼을 끊은 사람까지 관심을 가지고 구매를 했으니 재미와 소비를 동시에 잡은 것이다.

이 밖에도 사람들이 직접 커스텀을 해서 음식을 만드는 사례가 늘어나고 있다. 특히 디저트 시장은 Z세대에게 항상 좋은 반응을 얻는 편이다. 롯데에서 '셰프돼장'이라는 이벤트를 열었다. 사람들이 제출한 나만의 돼지바 맛 아이디어를 가지고 실제로 제품을 출시하는 이벤트였다. 모기향, 소보로, 김부각 등 다양한 돼지바 아이디어들이 나왔다. 이 중에 돝짝대기가 당선이 돼 사실 조금 더 자극적인 맛이 당첨되었으면 좋았을 것 같다는 아쉬움이 있었다.

이 밖에도 스타벅스, 배스킨라빈스 등 다양한 브랜드에서 개최한 커스텀 이벤트에 사람들이 직접 참여하여 이슈를 만들기도 했다. 먹을 것으로 멋진 어른이 되고자 하는 Z세대의 취향을 잘 반영하여 누이 좋고 매부 좋은 방법을 찾아낸 것이다.

라이프스타일 3

삶의 모든 순간을
콘텐츠화한다

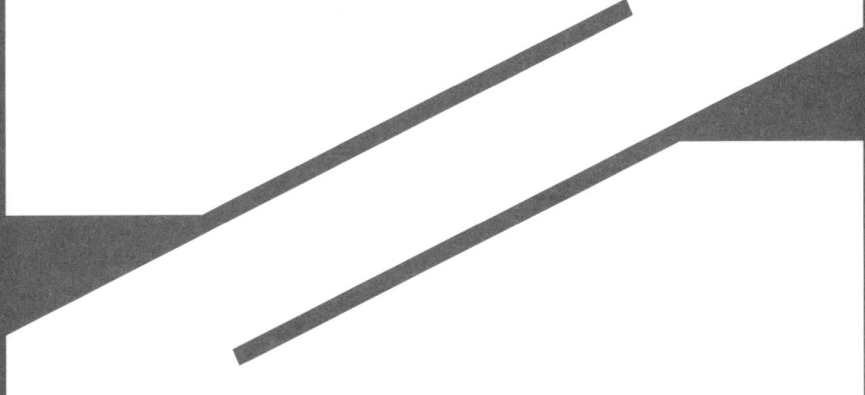

인류학자
: 콘셉트에 잡아먹히다

힘든 삶에 대한 위로로 극사실주의 콘텐츠를 선택한다

콘셉트를 잡아 유튜브 채널을 운영하는 유튜버가 늘고 있다. 2032년을 콘셉트로 잡아 환 공포증을 유발하는 카메라가 잔뜩 달린 아이폰을 선보이거나 특정 직업이나 말투를 가진 사람을 따라 하기도 한다. 이런 콘셉트는 유튜브뿐만 아니라 Z세대를 타깃으로 하는 다양한 광고나 마케팅에서도 보인다. Z세대는 콘셉트를 잡는 것에 누구보다 익숙하기에 콘셉트에 잘 잡아먹힌다. 또 콘셉트를 잘 따라서 콘셉트를 활용해 밈으로 만들어내기도 한다. 사람들은 이 모습을 보면서 외상후 스트레스 장애PTSD가 온다고 표현하는 경우가 많다. 그만큼 그 기억이 떠오를 정도로 특정 캐릭터를 잘 구현한다는 뜻이다.

이 유행은 쿠팡플레이의 코미디 쇼 「SNL코리아」의 한 코너인 '주기자가 간다'를 보고 누리꾼들이 "Z세대 말투 현실 고증 갑"이라고 반응한 데서 시작되었다. 「SNL코리아」는 이외에도 다양한 연예인이 '어쩔TV'를 활용해 고등학생의 현실을 고증하는 모습을 보여주거나 SNS 스타가 유명해지는 과정을 보여주기도 했다. 현실 고증 콘텐츠는 현실에 있을 법한 대사, 상황, 패션 등을 재연해 인기를 끌었다. 마치 그 인생을 살아본 것처럼 이렇게 특정 인물을 똑같이 따라 하는 사람에게 인류학자라는 명칭이 붙었다. 그 대표적인 예로는 유세윤, 강유미, 숏박스가 있다.

　인류학자라는 말은 유세윤 때문에 나오게 되었다. 유세윤이 호캉스 간 사진을 올렸는데 인플루언서들의 사진 속에서 볼 수 있는 호캉스 짤을 그대로 재현했다. 그래서 사람들에게 '콘셉트에 잡아먹힌 것 같다.'라는 평가를 받았다. 해시태그를 '#곧다음일정공지해드릴게요' '#까치블리'라고 달았는데 이는 인스타그램에서 마켓을 운영하는 팔이피플을 똑같이 따라 한 것이다. 결국 유세윤은 사이버 인류학자라는 명칭을 얻었다. 극사실주의가 유행하는 것은 여러 가지 의미로 해석할 수 있다. 마치 우리가 오늘 하루가 너무 힘들었을 때는 추리 영화를 선택하기보다는 뇌 빼고 보기 좋은 코미디 영화를 선택하는 것과 비슷한 원리다.

　과거에도 사회적으로 부정적 이슈가 있으면 코미디 영화에 관람객이 늘어난다는 이야기가 있었다. 삶이 힘들고 복잡해질 때 현실이 더 소중해지고 공감 가는 콘텐츠를 더욱 원한다는 것이다. 정확히 맞아떨어졌다. 극사실주의 콘텐츠들의 유행이 코로나19 때부터 나오기 시작했기 때문이다. 이는 일상생활 자체가 불가능해지면서 사람들이 현실에 대해 더 공감하고 싶어하고 밖으로 나가서 실제 사람을 보고 싶어했기 때문일 확률이 높다. 이런 콘텐츠들에 가장 많이 달리는 댓글은 '이러다가 나도 따라 하겠다.'였다.

"우리랑 완전 똑같다!" 현실 고증 콘텐츠에 열광한다

유튜브에서 현실 고증 콘텐츠로 Z세대 사이에서 가장 인기 있는 채널은 '숏박스'다. 미용실, 카페 등 일상에서 누구에게나 한 번쯤 일어날 법한 일을 5분이라는 짧은 영상으로 공감하게 만든다. 극사실주의라 해도 될 만큼 옷부터 상황까지 똑같아 채널을 만든 지 3개월 만에 86만 명의 구독자가 생겼다. 콘텐츠가 올라올 때마다 유튜브 인기 급상승 영상으로 등극하며 SNS에서 화제가 됐다. 비슷한 채널로 '너덜트'도 있다. 이 채널 역시 현실 고증 콘텐츠를 다룬다. 아내 대신 당근마켓 거래를 나온 남편들이 전화로 아내에게 물어보면서 물건을 거래하는 이야기인 '당근이세요?' 콘텐츠가 SNS에서 화제가 되면서 채널이 유명해졌다.

이들 채널의 공통점은 내가 겪은 일들을 보여주는 것 같아 공감을 불러일으킨다는 것이며 다른 사람들의 댓글을 통해 소통하는 기분을 느낄 수 있다는 것이다. 「강유미의 좋아서 하는 채널」 역시 꾸준한 인기를 이어가고 있는데 도민걸(도를 믿는 걸), 동네 목욕탕 아주머니, 입시 선생님 등 못 따라 하는 캐릭터가 없다. 이제 팬데믹이 끝났으니 이 유행도 끝나는 거 아닌가 하는 사람들도 있을 것이다. 하지만 이 유행은 더 커지면 커지지 절대 줄어들지 않을 것이라는 생각이 든다.

기존에는 단순히 영상을 통해서 특정 직업을 따라 하는 것이 단편으로 올라왔다면 이제는 특정 캐릭터를 만들어놓고 시리즈물처럼 에피소드별로 따라 하는 일도 있다. 없던 학창 시절 추억도 만들어내는 유튜브 채널이 있다. 바로 「사내뷰공업」이다. 2010년대에 중고교를 다니지 않은 사람도 마치 그 시절을 지나온 느낌이 들 정도로 현실 고증이 소름 끼친다. 그 당시 학창 시절을 보낸 Z세대는 KBS 「인간극장」을 보며 등교 준비를 한 기억이 있다. 이 콘텐츠는 형식도 그것과 거의 흡사한 '다큐 황은정'이다.

영상을 보다 보면 극사실주의가 유행이라곤 하지만 이렇게 잘 따라 하는 사람이 얼마나 되겠냐는 생각이 든다. 이 영상 에피소드 중 하나처럼 Z세대라면 한 번쯤 학창 시절 투투(사귄 지 22일째 되는 날)를 챙겨본 적이 있을 것이다. 또 당시엔 학교에서 두발 검사, 소지품 검사를 했기에 검사 전 고데기로 머리를 한껏 구부려 기장을 맞추거나 들키면 안 되는 물건을 숨긴 추억이 있는데 이를 잘 재연했다. 이 콘텐츠는 연기도 연기지만 당시 유행하던 서클렌즈, 빨간색 노스페이스 패딩 등 소품 디테일도 정말 '갓벽'하다. 이 밖에도 신도시 맘을 따라 하는 서준맘은 남편과 아들 서준이와 일상으로까지 재연하는 내용을 꾸준히 확장하고 있다. 일진룩의 표본이라고 하는 문신 돼지 나선욱 역시 매회 같은 캐릭터로 새로운 에피소드를 만들고 있다. 이걸 보면 부캐와 무엇이 다른가 하고 생각할 수 있지만 부캐와 극사실주의 콘텐츠는 완벽하게 다르다. 부캐는 그 캐릭터로 현실을 살아가는 것이고, 극사실주의 속 캐릭터는 설정된 상황을 살아간다는 것이다.

최근 가장 이슈가 되고 있는 다나카는 그 부캐로 현실 인물을 만나고 자신의 가게에 초대한다. 반면 황은정은 2000년대 고등학생으로 학교에 다니고 「인간극장」을 찍고 싸이월드를 하고 고아라 폰으로 얼짱 각도 사진을 찍으며 에피소드 속 2000년대 상황을 살아간다. 또 부캐의 경우에는 원래 유명한 사람이 또 하나의 캐릭터를 만들어내는 것이라면 극사실주의 콘텐츠를 찍는 부캐는 본인보다 부캐가 더 유명해 그 상황에 더더욱 몰입하게 만드는 특징이 있다. 이렇게 극사실주의는 단순히 단발성으로 따라 하는 것이 아니다. 다양한 상황을 설정한 계속되는 에피소드를 통해 그 세상을 살아가는 콘텐츠로 확장하게 된 것이다.

우리는 이제 남을 따라 하는 콘텐츠에 너무나 익숙해졌다. 유명한 드라마에 나오는 캐릭터의 성대모사를 제일 잘 따라 하는 채널이 따로 등장할 정도로 그 캐릭터를 본인의 콘텐츠에 접목하여 새로운 캐릭터를 탄생시킨다. 유튜브 채널 「늘이농」을 보면 처음에 넷플릭스의 인기 드라마 「더 글로리」의 연진이 메이크업을 따라 하며 성대모사를 한 영상을 올렸다. 이 영상의 일치율이 대박이라는 평가를 받자 연진이의 명대사와 사라의 명대사를 활용하여 화장품 광고 콘텐츠를 제작하게 됐다.

이러한 캐릭터들은 꾸준히 원하는 시청자의 수요와 제작하는 공급이 적절히 맞아떨어지는 콘텐츠라고 할 수 있다. 극사실주의 콘텐츠는 공감을 불러일으킬 뿐만 아니라 복잡한 일상을 살아가는 사람들이 뇌 빼고 볼 수 있다는 장점이 있다. 앞뒤 콘텐츠를 꼭 봐야 하는 것도 아니어서 어디에서 콘텐츠를 시작해도 상관이 없다. 예를 들어 강유미의 콘텐츠는 회차별로 따라 하는 캐릭터가 다르다. 내가 원하는 캐릭터만 선택해서 볼 수 있다. 이는 시간도 단축되고 짧은 시간을 투자해서 원하는 콘텐츠를 볼 수 있다는 장점이 있다. 이런 콘텐츠는 앞으로도 찾는 사람과 만드는 사람이 더 많아질 수밖에 없다.

뷔페에서 맛없는 음식으로 배를 채우려는 사람은 없다. 콘텐츠도 마찬가지다. 한정된 시간에 가장 맛있는 콘텐츠의 가장 맛있는 부분만 골라 보길 희망하는 Z세대가 늘고 있다. PPL 광고 역시 이런 콘텐츠를 선택할 수밖에 없는 이유는 일상에서 큰 공감을 불러일으키기 때문이다. PPL 광고에는 "나도 저 가게 가면 저 메뉴를 먹을 것 같다." "우리랑 완전 똑같다."라는 반응이 대부분이다. 광고주는 드라마나 영화에 어색하게 등장하는 광고보다는 일상을 주제로 한 이들을 선택할 수밖에 없을 것이다.

짧은 콘텐츠의 등장이 영상을 보는 방식과 속도에 영향을 미쳤다

콘텐츠의 범위는 넓다. 이미지, 영상, 텍스트 모든 게 다 콘텐츠가 될 수 있는 세상이다. 얼마 전 대학교 특강을 나갔다가 요즘 크리에이터를 꿈꾸는 사람이 정말 많다는 걸 새삼 느낄 수 있었다. 뉴스에서 말하는 요즘 학생들의 꿈이 유튜버인 것이 실감 나는 순간이었다. 그런데 이런 꿈을 꾸는 사람이 갈수록 많아질 수밖에 없다. 물론 수익적인 면도 있지만 이를 넘어 누구나 콘텐츠를 만들 수 있는 세상이 되었기 때문이다. 생각해보면 SNS에 글을 올리는 것도 콘텐츠이다. 스마트폰의 카메라 기능에서 동영상 버튼을 눌러 10초만 찍어도 업로드할 수 있는 콘텐츠를 만들 수 있다.

요즘 애들은 코딩을 배운다. 그런데 코딩은 배워서 알게 되지만 영상은 아무도 알려주지 않아도 스스로 터득할 수 있다. 틱톡 편집을 하는 초등학생을 보면 어쩌면 이를 본업으로 하는 나보다 영상 편집을 잘할 때가 있다. 그래서 깜짝깜짝 놀라는 경우가 한두 번이 아니다. 이는 쉬운 앱이 많이 등장한 이유도 있다. 얼마 전까지만 해도 영상은 전문적으로 찍는 게 중요하게 생각되었으나 이제는 방구석에서 자신만의 스튜디오를 만들고 촬영하는 게 무척이나 익숙해졌다. 아이가 유튜브를 하고 싶어 하는데 어떻게 하면 될지 주변 지인들이 물어올 때가 많다. 그러면 스마트폰으로 시작하라고 말해준다. 이제 누구나 스마트폰으로 촬영해 영상을 만들 수 있다. 메타버스로 드라마를 찍기도 한다. 실제로 메타버스에서 오디션 프로그램도 진행한다.

유튜브에서 '제페토 브이로그' '제페토 드라마' 같은 것만 봐도 알 수 있다. 최근 '토카월드'라는 교육용 게임을 즐기는 알파 세대가 많아졌다. 아이들이 게임으로 역할 놀이를 하고 브이로그를 자연스럽게 진행하는 모습을 볼 수 있다. 유튜브나 숏폼 콘텐츠는 어렵고 복잡한 기존 영상 편집 툴을 다루지 않아도 블로VLLO 같은 앱만 있으면 누구나 편집해 업로드할 수 있다. '영상 촬영과 편집은 전문가만 할 수 있는 거야.'라는 생각이 확실히 사라진 것이다. TV 프로그램 같은 한 방향 콘텐츠가 주를 이루던 시절엔 지금처럼 콘텐츠를 양방향으로 생산하고 즐기는 세상이 올 거라곤 생각지 못했을 것이다.

이젠 생산자와 고객의 경계가 흐려지고 누구나 콘텐츠를 만들 수 있는 세상이 됐다. 콘텐츠라는 단어를 넓게 해석하면 인스타그램 같은 SNS에 올리는 각 사용자의 게시물도 모두 콘텐츠로 볼 수 있다. 아무래도 틱톡, 쇼츠, 릴스 등이 큰 영향을 주었다고 생각할 수 있다. 확실히 지코의 「아무 노래」 챌린지를 시작으로 틱톡에서 유행하는 노래와 안무가 따로 있게 됐다. 많은 사람이 영상을 만들면서 트렌드가 변경된 것은 사실이다. 하지만 단순히 영상을 제작하는 것을 넘어 이런 짧은 콘텐츠의 등장은 Z세대가 영상을 보는 방식과 속도에까지 큰 영향을 끼쳤다.

고교 시절 친구들 대부분이 인터넷 강의를 2배속으로 들었다. Z세대는 인터넷 강의뿐만 아니라 드라마, 유튜브 등 영상 콘텐츠를 빠른 속도로 시청하곤 한다. 틱톡이나 유튜브 쇼츠 같은 짧은 길이의 영상이 유행한 이유도 여기 있다. Z세대 맞춤형으로 긴 영상 콘텐츠를 소비하는 방식이 달라지고 있다. 영상 이외에 다양한 콘텐츠와 상품에서도 이런 변화가 확인된다. Z세대는 드라마를 볼 때 1.5~2배속을 기본으로 한다. 빠른 속도로도 성에 차지 않으면 정주행 대신 유튜브

요약본 보기를 택한다. 심지어 이 요약본을 2배속으로 시청하는 때도 많다. 주변 Z세대 중에는 넷플릭스의 「더 글로리」를 유튜브에서 요약 리뷰 영상으로 접하고 "재밌다."라고 평가한다.

Z세대에게 드라마 한 편에 한 시간을 투자하는 것은 불합리하다. 영상과 이미지를 받아들이는 속도가 다른 세대에 비해 빠른 이들이 정상적으로 드라마를 다 보면 아무리 재밌어도 지루한 콘텐츠가 될 것이다. 주변에 Z세대가 콘텐츠를 볼 때 오른쪽에 있는 10초 당기기 버튼을 몇 번 클릭하는지 한번 보라. 이렇게 영상을 보는데 내용이 어떻게 이해가 될지 싶을 것이다. 이런 Z세대의 특징 때문에 유튜브 쇼츠로 제작된 드라마도 인기를 끌고 있다. 최근 CU편의점 공식 유튜브 채널에 업로드되는 쇼츠 드라마 「편의점 뚝딱이」가 대표적인 예다. 드라마가 빠른 속도로 전개되고 극사실주의적 요소까지 적절히 섞여 Z세대의 취향을 저격했다.

브이로그
: 일상의 모든 것을 담다

일기를 쓰는 것처럼 브이로그를 찍어서 남긴다

브이로그 소재는 정말 다양하다. 과거에는 여행, 일, 일상 같은 식으로 카테고리를 나누었다면 지금은 "이런 브이로그도 있어?"라고 반응할 만한 브이로그가 늘어났다. 자퇴 브이로그, 이별 브이로그 등 파격적이지만 그만큼 진심을 담아 만드는 사람도, 시청하는 사람도 많아지고 있다.

모의고사는 다들 추억이 있는 콘텐츠다. 예전에는 모의고사가 끝나면 학원이나 인터넷 강의를 통해 풀이하고 오답 노트를 쓰는 것이 위주였다. 요즘에는 어떨까?

얼마 전 유튜브 알고리즘의 추천으로 본 영상이 모의고사를 채점하는 고등학생들의 콘텐츠였다. 일단 채점을 시작하기 전 여러 명의 친구가 모여 냅다 「당신은 사랑받기 위해 태어난 사람」이라는 노래를 부르기 시작한다. 가장 재밌게 본 브이로그는 「일구」의 「고삼로그」 브이로그다. 시험을 잘 보고 못 보고를 떠나서 고3답게 친구들과 찍은 영상처럼 느껴졌다. 채점하고 2등이 4등에게 아이스크림 사주기와 같은 소소한 내기를 한다. 짧은 영상이지만 고3 시절을 추억하게 한다. 특히 섬네일이 "와, 딱 요즘 취향 저격이다."라고 할 수 있다. 인스타그램 필터에서 흔히 볼 수 있는 말풍선을 섬네일로 넣었다. 고등학생 시절 누구나 보는 모의고사로 콘텐츠를 만들면서 현실을 완벽하게 반영한 브이로그라 20대라면 그냥 지나치기가 어렵다.

얼마 전 유튜브 추천 동영상 목록을 내려보다가 충격적인 영상을 봤다. 섬네일이 이별 브이로그였다. 화장하면서 전 남친 이야기를 푸는 브이로그들은 본 적이 있다. 하지만 이제 막 헤어진 커플의 생생한 브이로그는 보기 힘든 참신한 콘텐츠였다. 이별 브이로그라고 유튜브에 검색하면 생각보다 다양한 영상을 볼 수 있다. 연인과 이별하자마자 "여러분 제가 방금 이별을 했습니다."라는 설명으로 시작한다. 헤어지자마자 콘텐츠를 찍어 생생한 감정을 살리거나 일상생활에서 일하다 그 사람이 떠오른다며 우는 모습을 보여주는 브이로그도 있다.

신기한 점은 이런 유튜버들의 영상 평균 조회수보다 이별 브이로그 콘텐츠 조회수가 더 높다는 것이다. 사실 이 소재를 보고 당황하는 사람도 있을 것이다. 하지만 생각해보면 혼자 끙끙거리기보다 누군가에게 이야기하고 소통하는 것이 빠르게 고통을 극복하는 하나의 방법이 될 수 있다. 아무래도 댓글로 사람들과 이야기하고 위로받으면서 이겨내는 새로운 이별 극복법이 탄생한 게 아닐지 싶기도 하다. 브이로그는 이제 과거처럼 성공하거나 셀럽이 되기 위해서 찍는 것만이 아니다. 친구들과의 추억용이 될 수도 있고 그날의 감정을 담기 위한 영상이 될 수도 있다.

인식이 변화하니 더 많은 브이로그 제작자와 콘텐츠가 나오는 것이다. 과거에는 특정 직업을 가진 사람이나 인플루언서만 브이로그를 찍었다면 이제는 누구나 일상을 담기 위해 브이로그를 찍는다. 이런 것도 브이로그 소재가 될 수 있나 싶은 것들이 오히려 이슈가 되기도 한다. 취업 준비하는 유튜버들도 많이 있다. 이들은 그 과정에서 작아지는 스스로에 대한 이야기나 자격증 시험을 준비하는 이야기같이 취준하는 사람들이 힘을 내고 공감할 수 있는 콘텐츠를 올린다. 옛날에는 취업 준비를 하거나 고3이 브이로그를 하면 '속없다.' '공부 안 하냐?' 등의 평가를 받았지만 이제는 댓글만 봐도 인식이 확실히 변했다는 것을 볼 수 있다.

'찐 광기' '미친 덕력' 외에 소소한 일상도 인기를 얻는다

소재가 공감이 가거나 스토리가 있다고 해서 모든 브이로그가 성공하는 것은 아니다. 똑같은 소재라도 스토리의 기승전결이나 편집 기법이 굉장히 중요한 요소가 되었다. 예를 들어 처음 ASMR이 등장했을 때는 귀 파는 소리, 무언가를 자르는 소리, 자연의 소리 등 일정

한 속도로 잠이 잘 오게 하는 콘텐츠가 유행이었다면 요즘은 몰래 하는 콘셉트가 유행이다. '몰래 한다'가 콘셉트인 만큼 카메라를 가운데 두지 않고 살짝 비스듬한 각도로 놓고 '수업 중 몰래 ASMR 하기' '찜질방에서 몰래 ASMR 하기'와 같은 콘텐츠를 찍어 업로드한다.

이런 ASMR이 인기를 끄는 이유는 처음 하는 사람이 몰래 하는 콘셉트이기 때문이다. 예를 들어 찜질방에서 계산하는 도중에 사장님이 주문한 상품을 가지러 갔을 때 컵라면을 들고 와서 갑자기 손으로 두드려 소리를 내는 식이다. 마음에 안정감을 주는 소리가 아니라 공사장에서 날 법한 소리를 내 웃음을 주는 방식으로 콘셉트를 유지하고 있다.

알고리즘 덕분에 본 사람이 많다는 채널 「하은」의 대학생 유튜버 하은의 영상은 3개월간의 붕어빵 장사기를 영상으로 담았다. 요즘은 '붕세권'(붕어빵+역세권)이 아닌 곳이 많아 붕어빵을 먹으려면 추운 날 노점 앞에 길게 줄을 서야 한다. 언제 만날지 모르는 붕어빵과 다코야키(문어빵)를 위해 주머니 속에 3,000원을 꼭 넣어서 다니라는 말이 있을 정도로 귀해졌다. 이 광경을 보고 '나도 붕어빵 장사나 해볼까?'라는 생각을 많이들 하지만 실행에 옮기는 사람은 거의 없다. 그런데 유튜버 '하은haeunsea'은 정말 붕어빵을 팔기 시작했다. 갈수록 붕어빵 굽는 실력이 느는 영상 속 하은을 보면 신기하다. 가끔 등장하는 따뜻한 손님들 덕에 마음이 훈훈해지기도 하고 붕어빵을 만들다 화상을 입은 하은을 보면 걱정이 앞서기도 한다.

하은은 원래 그냥 종종 요리하는 영상을 찍어서 올리는 유튜버였다. 나중에는 이렇게 만드는 것에서 붕어빵 장사를 하는 것까지 확장하였다. 늘 아파트 앞에서 가게를 열고 행사가 있거나 축제가 있는 날에는 위치를 옮기는 등 어디서도 볼 수 없었던 참신한 소재와 스토리를 담고 있다. 알고리즘에 올랐을 때 사람들이 안 볼 수가 없었다.

진짜 재능을 타고난 사람처럼 요즘 유행하는 밈$_{meme}$을 영상에 잘 편집해 넣는 크리에이터들이 있다. "요즘 유행이 뭐지?" 싶을 때 이 영상들만 보면 한 방에 정리가 될 정도다. 이들은 단순히 짤만 잘 쓰는 게 아니라 밈에 잘 적용될 수 있는 편집 실력까지 갖추고 있다. 덕질이나 취업 준비를 주제로 한 유튜브에서 흔히 볼 수 있는 소재를 사용하고 있지만 사람들이 그 많은 브이로거 중에 선택하는 브이로거는 달라도 뭔가 다르다. 그 이유를 섬네일만 봐도 눈치챌 수 있다. 유튜브 「유덕모」는 덕후 브이로그를 하는 채널이다. 유튜브에 클릭해서 들어가는 순간 섬네일을 보면 정상(?)인 사람은 아니라는 게 느껴진다.

'유연하고 영하고 진실된 덕후 모임'이라는 뜻의 「유덕모」의 영상들은 다양하다. 4월 10일 SM엔터테이먼트의 유영진의 생일 날짜에 맞춘 4시 10분에 일어나 한복을 입고 절을 하기도 하고 에스파 영상을 보면서 집 나간 입맛을 찾기도 한다. 자신이 좋아했던 연예인의 탈덕 영상을 찍기도 하는데 줌으로 제작하고 미친 콘셉트와 편집 실력을 보여준다. 구독자들의 댓글은 "찐 광기란 이런 거다.", "덕질 교육용 콘텐츠다."라는 반응이 대부분이다.

이들과 비슷한 편집으로 구독자가 6만 명인 유튜브 채널 「정못취

(정신 못 차린 취준생)」도 밈에 미친 사람이 아닐지 싶을 정도로 잘 사용한다. 공기업 취업을 준비하는 사람이라는데 공기업과 가장 안 어울리는 사람 1위 타이틀을 얻었고 모두가 영상 만드는 사람으로 남았으면 좋겠다는 바람을 댓글로 단다. 처음에 사람들이 취준은 콘셉트이고 사실 브이로거가 본직업이 아니냐고 할 정도였다. 자격증 시험에 떨어지고 우는 영상을 올리기도 한다. 일본 애니메이션을 많이 좋아하는지 일본 애니메이션 콘셉트로 편집을 해서 사람들에게 덕력 미쳤다는 평가를 받는다.

브이로거로 성공하는 방법은 크게 두 가지다. 소재가 신선하거나 편집을 정말 특이하게 하거나. 하지만 사실 성공을 목표로 한 사람들만 브이로거가 되는 것은 아니다. 기록용일 수 있고 자신의 소소하고 부지런한 일상 루틴일 수도 있다. 특별하지 않아도 이제는 누구나 브이로거가 될 수 있다는 것만 알고 있으면 된다.

춘식이
: 잘 만든 광고는 찾아서도 본다

광고도 콘텐츠로 만들어서 궁금증을 유발시켜야 한다

회사 후배 책상을 지나가다 이상한 편지를 본 적이 있다. 처음에는 입사한 지 얼마 안 돼 동기들이랑 마니또를 하는 줄 알고 귀엽다고 생각했다. 그런데 후배가 "팀장님도 뽑아줄까요?"라고 물어왔다. 그래서 '뭐지?' 싶었는데 카카오프렌즈 춘식이의 편지를 인쇄해 붙여놓은 것이었다. 이 편지는 '집사는 왜 월요일이 싫을까?'라는 제목의 인터렉티브 콘텐츠를 바탕으로 카카오가 제작한 디지털 굿즈 중 하나다. 카카오답게 진짜 고퀄이다.

라이언이 키우는 고양이 춘식이가 '집사가 주말은 좋아하는데 왜 평일은 싫어할까?'라는 의문을 품고 라이언의 출근길을 따라가는 콘셉트다. 춘식이가 라이언이 월요일을 싫어하는 이유에 대해 추측하는데 그 상상력이 무척 귀엽다. 마지막까지 따라가면 라이언으로 제작한 디지털 굿즈를 준다. 후배 책상에서 구경한 춘식이 편지도 여기서 받을 수 있다. '매일 멋진 여행을 떠나는 너에게!'라는 제목으로 '맨날 출근하는 너를 응원한다.'라는 내용이다. 편지 외에도 아이패드 굿노트에서 메모용으로 사용하면 좋을 메모지, 프리보드, 스티커 등 다양한 디지털 굿즈가 들어 있다. 이 패키지와 함께라면 출근을 즐겁게 할 수 있을지까지는 잘 모르겠으나 최소한 회사에서 인싸가 될 것은 확실하다.

위에서 소개한 콘텐츠는 누가 봐도 카카오에서 춘식이 홍보를 목적으로 제작한 콘텐츠다. 춘식이는 반려동물이고 라이언은 집사인데 카카오가 만든 세계관 속 콘셉트를 사람들에게 명확하게 인식시키기 위해 하나의 게임처럼 만든 것이다. 홍보 콘텐츠이지만 사람들이 봤을 때는 재밌고 귀여우니 그냥 즐기는 소재가 된 것이다. 이제는 단순히 물건을 팔고 말도 안 되는 방식으로 드라마에 과도한 PPL을 넣는 옛날 방식을 피한다. 광고 그 자체를 콘텐츠로 만들어서 사람들이 궁금하게 만든다.

"제작비 좀 벌고 가겠습니다."라는 노골적인 멘트를 과거에는 불편해했다. 하지만 이제는 뭐 그러려니 한다. 유튜브 웹예능에 유료 광고를 걸고 광고하는 경우가 많다. 오히려 광고를 많이 넣어서 이 프로그램이 오래갈 수 있게 해달라는 댓글도 쉽게 볼 수 있다. 물론 유튜브가 공영방송과는 다르게 심의 등의 규제가 없어서 광고에서 자유로운 점도 있다. 하지만 이제는 고객들도 PPL 타임을 당연하게 생각한다는 사실을 보여준다.

　유튜브에서 광고할 때 구독자 이벤트를 하곤 해서 오히려 사람들이 더 좋아하는 경우도 있다. 특히 유튜브가 생기면서 콘텐츠를 제작하는 기업이 아니라도 누구나 콘텐츠를 만들 수 있는 시대가 되었다. GS는 「이리오너라」라는 채널에서 직접 브랜디드 콘텐츠를 제작한다.

　기업의 특징을 살려서 영상을 만드는 회사도 있다. 필자가 매번 유심히 들여다보는 회사가 토스다. 토스는 Z세대 사이에서 '열정 있고 열심히 하는 사람들이 모여 자기를 발전하게 하는 회사'라는 이미지가 강하다. 그래서인지 항상 토스가 만드는 광고 하나하나에 눈길이 가고 관심이 가는 것은 어쩔 수 없다.

　과거 토스가 만든 광고 중 지금도 기억에 남는 것은 돈의 이동에 자유를 준다는 주제로 신사임당과 세종대왕 등 지폐에 나오는 위인들을 스포츠카에 태우고 달리는 영상이었다. 최근 토스가 유튜브에 올리기 시작한 영상을 보면 '진짜 궁금하지 않았던 것도 궁금하게 만드는 회사'라는 말이 적합하다는 생각이 든다. 토스는 음식 너머의 미식 관련 경제 이야기를 다루는 '미식경제학'이라는 익스플레인 다큐를 찍기도 했다. 기업에서 브랜드 관련 영상을 찍으면 보통 웹예능이나 웹드라마에 PPL을 넣거나 기업 상품으로 이야기를 이어갔을 것이다. 그런데 토스는 다큐를 찍었다는 게 참신하다는 생각이 들었다.

　보통 익스플레인 다큐는 방송국 기자나 그 분야 전문가를 스피커로 해 이야기를 진행한다. 하지만 토스는 주제가 미식이다 보니 미식 전문가이자 미식 경영을 하는 사람을 스피커로 내세워 경제 전문가를 내세울 것이라는 예상을 깼다. 토스 오리지널이라는 문구가 더 돋보일 수 있도록 한 것이다. 최근 고급 식문화가 유행하면서 내추럴와인이나 오마카세 등에 돈을 아끼지 않는 Z세대 문화까지 완벽하게 다루고 있다. 기업이 추구하는 가치를 제대로 보여준 영상이라고 생각한다. 맞춤에 맞춤을 더한 토스의 전략이 담겨 있다.

재미있으면 10초 쇼츠, 웹소설, 짤 등을 밈으로 사용한다

오히려 사람들이 원하는 광고를 만드는 일도 있다. 웹툰, 웹소설 등이 인기를 끌면서 웹툰 캐릭터의 지식재산권IP을 활용한 이모티콘, 굿즈 등이 나오거나 웹툰에 광고가 등장하는 건 흔한 일이 됐다. 기업이 영상 콘텐츠로 제작할 지식재산권을 구매하면 사람들이 기대하고 자발적으로 가상 캐스팅을 하고 자연스럽게 커뮤니티에서 바이럴되는 모습도 쉽게 볼 수 있다. 얼마 전 트위터에서 확인하고 깜짝 놀란 소식이 있다. 삼성전자 뉴스레터 『월간 비스포크』를 구독하면 네이버 인기 웹툰이었던 「치즈인더트랩」의 외전을 볼 수 있다는 것이었다. 「치즈인더트랩」은 드라마와 영화로도 만들어진 MZ세대 인생 웹툰 중 하나다. 드라마 제작 당시에는 '치인트 시어머니'라고 할 정도로 많은 사람이 캐스팅에 관심을 가졌다.

『월간 비스포크』를 구독하면 그 화제의 주인공인 홍설과 유정의

신혼생활 얘기를 무료로 볼 수 있다. 심지어 독점 공개다. 물론 삼성전자는 이 뉴스레터를 통해 웹툰 팬인 MZ세대를 미래 고객으로 끌어들일 것이다. MZ세대 중 냉장고에 관심 있는 사람이 몇이나 될지 싶지만, 인기 웹툰을 독점 공개를 한다면 없던 관심도 생길 것이다. 이제 Z세대는 메일함에 『월간 비스포크』가 도착하는 날을 기다릴 수밖에 없다. 이 경우는 이미 있던 콘텐츠로 광고를 만들어 팬들의 니즈를 정확하게 파악한 사례로 꼽힌다.

아시아나 하면 대부분 '여행' '비행기'라는 키워드를 떠올릴 것이다. 그런데 아시아나는 기존 행보와 달리 아시아나 호피라거라는 맥주를 출시했다. 맥주를 출시한 것만으로도 '아시아나가 왜 맥주를?'이라는 반응을 유발한다. 그런데 그걸 홍보하려고 만든 영상이 진짜 영혼을 갈아 넣은 것 같은 퀄리티라서 더 화제가 되었다. 애니메이터 한지원 감독이 제작한 영상으로 레트로한 감성을 담았다.

레트로한 감성의 애니메이션은 아시아나가 말하고자 하는 '여행과 맥주를 좋아하는 사람들'을 다루기에 적합한 수단이라는 생각이 들었다. 여행을 가서 맥주를 찾는 사람이 많은 만큼 집에서는 물론 여행지에서도 맥주를 마시는 이들의 이야기를 담았다. 맥주도 마시고 싶고 여행도 가고 싶게 자극하는 내용이다. 아시아나는 도대체 이 영상으로 몇 마리 토끼를 잡은 걸까 싶었다.

최근 해외로 나가고자 하는 이들을 다시 한번 자극해 기업 이미지를 머릿속에 각인시키는 것 같다. 고객이 뭘 원하고 좋아하는지를 알아야만 만들 수 있는 동영상이 바로 아시아나 호피라거 영상이다. 이는 광고를 대할 때 단순히 '사람이 나오는 영상을 찍어서 대중에게 노출해야지.'라는 가벼운 인식에서 벗어나야 한다는 것을 보여준다. '어떻게 하면 광고가 재밌다고 평가를 받을까?' '누구랑 컬래버를 해야 Z세대의 주목을 받을 수 있을까?'를 고민해야 한다.

심지어는 제품이 나오지 않는 광고도 있었는데 바로 침대 브랜드 시몬스 광고다. 시몬스가 침대 브랜드라는 걸 모르는 사람은 없을 것이다. 그런데 광고에는 침대가 안 나온다. '띠용?' 할 수 있지만 시몬스는 이 점을 노린 것이다. 침대 브랜드라는 사실을 다 아는데 굳이 침대를 보여줄 필요가 없다는 것. 눈으로 보는 ASMR 같은 광고를 통해 색감, 이미지, 소리로 이목을 집중시키고 편안한 느낌을 전달해 시몬스 침대가 이만큼 편안하다는 점을 간접적으로 어필했다. 이 광고는 어필 정도로 끝나지 않았다. Z세대에게 ASMR 맛집으로 소문나서 '1시간 연속 영상으로 만들어주면 좋겠다.' '멘털 케어가 된다.' '마케팅 담당자 천재다.'라는 댓글이 달리고 조회수도 2,000만 회를 돌파했다. 이 사례만 봐도 이제 광고 자체가 그냥 물건을 팔기 위한 것이 아니라 하나의 콘텐츠가 될 수 있다는 느낌이 팍 온다.

Z세대는 광고에 대한 거부감이 없다. 10초 쇼츠, 웹소설, 짤과 같은 모든 게 콘텐츠가 될 수 있으므로 재미만 있으면 밈으로까지 사용할 정도다. '키위는 너무 셔' '농협은행' 등 이미 수많은 콘텐츠가 밈이 되어 Z세대가 자신의 일상에서 사용하는 것을 너무 많이 봤다. 광고가 하나의 콘텐츠로 인식되는 시대다. 회사들은 어떻게 하면 Z세대에게 재미로 어필하는 광고를 만들 수 있을지 고민해야 한다.

과몰입
: 콘텐츠를 변화시킨다

캐릭터와 진짜를 구별할 수 없게 만들어 몰입하게 한다

영화 「인어공주」가 개봉하고 전 세계적으로 다양한 의견이 나왔다. 특히 부정적인 의견이 많았다. 모든 논란을 떠나 사람들이 과몰입할 수 없다는 것이 큰 문제였던 것 같다. 사람들의 상상 속 인어공주가 있는데 영화 속 인어공주와 매칭이 되지 않았다. Z세대에게 콘텐츠 과몰입은 굉장히 중요한 요소다. 과몰입하지 못하면 일단 이 콘텐츠를 좋아하는 것이 어려워질 정도다.

2023년 가장 인기 있었던 드라마 「더 글로리」를 생각해보자. 인스타그램에 사람들이 대사를 패러디한 댓글을 쓰자 배우들도 자신이 맡은 배역의 특징을 살려 댓글을 쓰는 등 디테일을 살리기 위해 노력했다. 이런 과몰입을 위해 캐릭터 배역으로 인스타그램을 만들기도 한다. 김혜수가 인스타그램을 하게 된 계기도 그렇다. 드라마 「하이에나」의 정금자 캐릭터로 개설한 인스타그램 계정을 본 계정으로 변경하게 된 것이다. 이 밖에 아이유도 자신이 맡은 배역인 장만월 캐릭터를 콘셉트로 삼아 인스타그램을 개설했다. 다양한 캐릭터 계정이 실제로 등장해 사람들은 더 과몰입할 수 있게 되었다. 과몰입을 유발하면 단단한 팬덤을 형성할 수 있다. 사람들이 캐릭터와 진짜를 구별할 수 없게 만들어 덕질을 하고 스토리에 더 몰입할 수 있게 만드는 것이다.

최근의 과몰입 콘텐츠라고 하면 모두가 알 만한 것이 네이버 웹툰 중 '자까'의 작품이다. 최근 작품 활동을 좀 쉬더니 갑자기 「신혼일기」라는 콘텐츠를 가지고 등장했다. 자까의 연애부터 결혼까지의 이야기를 담았다. 사실 자까의 팬이라면 「대학일기」 「수능일기」 「독립일기」 「휴재일기」를 보며 자까의 모든 일상을 알고 있다. 그리고 자신의 일상에 대입하며 찐친의 이야기인 것처럼 과몰입해왔다. 그런데 갑자기 결혼했다며 「신혼일기」를 연재하니 나도 모르는 사이 내 베프가 결혼을 하고 나한테는 청첩장을 주지 않은 듯한 느낌이 나는 것이다. 댓글창을 보면 '뒤통수 맞은 기분이다.' '갑자기 청첩장을 받은 기분이다.' 등의 댓글을 달며 배신감을 느끼는 팬들을 볼 수 있다.

자까의 결혼에 관한 반응이 왜 이렇게 뜨거울까? 독자들은 고3-재수-대학-독립 등 그녀의 인생사를 봐왔고 공감해왔다. 진짜 친구 이야기 같아서 과몰입을 안 할 수가 없었다. 이렇게 연결된 세계관은 시간의 흐름을 아는 사람들로 하여금 과몰입되게 만들었다. 과몰입을 강요하지도 않았는데 말이다. 사람들이 시리즈물의 다음 시즌을 기다리는 것은 이러한 이유 때문일 것이다.

　이런 과몰입 콘텐츠는 팬덤이 크면 클수록 콘텐츠에 관해 이야기할 수 있는 사람이 많기에 더 빠르게 퍼진다. 여기서 제일 중요한 것은 이 세계관을 이해하는 사람들이 있어야 한다는 것이다. 예를 들어 사람들에게 '스우파'라고 불리며 큰 인기를 끈「스트릿 우먼 파이터 1」을 생각해보자. 스우파가 큰 인기를 얻게 된 까닭은 센 언니들의 멋진 춤 대결이라는 콘셉트와 더불어 각 팀에 과몰입하게 만든 매력이 있었기 때문이다. 하지만 진짜 비결은 이 세계관을 이용하여 과몰입 콘텐츠를 만든 사람이 많았다는 데 있다. 과몰입 콘텐츠가 되기 위해서는 이 세계관을 알고 있는 사람들이 진지하게 고민해볼 수 있을 법한 내용을 담고 있어야 한다.

　예를 들어 정형외과 의사가 스우파를 리뷰한 영상 역시 과몰입 콘텐츠 중 하나다. 스우파를 보면서 '저들의 뼈는 괜찮을까?' '연골이 있는 걸까?' 등의 댓글이 많았다. 정형외과 의사는 이 댓글을 활용하여 스우파를 보는 내내 저렇게 하면 뼈 나간다는 말밖에 하지 않는다. 이런 식으로 사람들이 다 아는 세계관을 활용하여 사람들이 진짜 과몰입하기 좋아할 만한 콘텐츠를 만들어내야 한다.

　또 일본 애니메이션 중「짱구」와「아따맘마」에 나오는 음식들을 본 사람이라면 누구나 한 번쯤은 만들어서 먹어보고 싶다는 생각을 하게 된다. 그런데 이를 저격한 과몰입 콘텐츠도 있다. 애니메이션에서 음식이 나오는 해당 장면을 보여주면서 일본 음식 문화를 소개하고 실제로 요리도 하는 콘텐츠다.

공감 포인트를 만들고 놀 수 있는 콘텐츠를 제공해야 한다

사람들을 과몰입할 수 있게 만드는 요소 중에 중요한 것은 세계관이다. 이런 경우에는 자기네 회원인 것처럼 신분증 같은 무언가를 발급해준다. 쉽게 말하면 해리포터 영화 마케팅을 위해 호그와트 학생증을 발급해주는 것과 같다고 할 수 있다. 최근에 BBQ가 치킨대학교를 설립하고 사람들이 등교할 수 있도록 했다. 그냥 할인쿠폰을 뿌리는 게 아니라 사람들이 대학교라는 세계관에 과몰입하게 만든 것이다. BBQ의 기업관을 이해하고 BBQ를 맛있게 먹을 수 있게 하려는 취지다. 이건 단발성 고객 이벤트 효과보다 홍보 효과도 더 크다고 할 수 있다. 다양한 사람들이 즐기고 후기를 올리기 때문이다. '669캠퍼스'라고 하여 bbq의 소문자를 연상시키는 캠퍼스 이름도 매우 그럴듯했다.

이렇게 문자로 학생증을 주는 까닭은 할인이 목적이 아니라 과몰입을 불러일으키는 게 목적이기 때문이다. 이런 콘텐츠는 BBQ가 처음 시도한 것은 아니다. 문자와 전화를 통한 마케팅도 이와 비슷한 마케팅이라고 할 수 있다. 이서진이 나온 티빙의 「내과 박원장」의 문자 마케팅이 화제가 된 적이 있다. 사람들이 전화하면 내과 박 원장이 문자로 답장을 해주는 콘셉트였다. 단순히 본 방송의 날짜를 문자로 보내준 것이 아니라 병원 예약 콘셉트로 답장을 해서 사람들이 진짜 병원에 예약한 것 같다는 반응을 보였다. 이 밖에도 넷플릭스 드라마 「D.P.」 역시 입영통지서 굿즈를 제작해서 출연 배우들과 사람들에게 좋은 반응을 이끌어냈다.

과몰입은 무조건 콘텐츠를 잘 만든다고 되는 게 아니다. 사람들이 공감할 수 있는 포인트를 만들고 놀 수 있는 콘텐츠를 제공해야 한다. 이제 콘텐츠는 과몰입할 포인트가 없으면 외면받는 시대가 됐다. 마케팅할 때도 어떻게 하면 사람들을 이 세계관에 끌어들여 진심으로 반응할 수 있게 만들 수 있을지 고민해야 한다. 대표적인 예로 사람들은 펭수를 보면 그 안에 있는 사람을 궁금해하는 것이 아니라 그 자체를 살아 있는 캐릭터로 인정한다. 세계관을 깨뜨리지 않고 사람들이 세계관에 들어올 수 있게 하는 방법은 과몰입밖에 없다. 만약 과몰입을 유발하는 콘텐츠가 어렵다면 차라리 과몰입을 포기해버리는 것도 방법일 수 있다.

버추얼(가상) 인플루언서에 대한 인식은 아직 호불호가 갈린다고 할 수 있다. 가상의 인물인 만큼 논란과 구설 등 리스크가 없다고 반기는 쪽도 있다. 하지만 결국 사람이 아니라 캐릭터일 뿐이라며 부정적으로 보는 쪽도 있다. 얼마 전 버추얼 인플루언서 중 하나로 '플레이브'라는 아이돌 그룹이 등장해 화제가 됐다. 과거 버추얼 인플루언서는 최대한 사람처럼 보이게 하려고 '불쾌한 골짜기 uncanny valley'를 지우는 데 초점이 맞춰져 있었다. 버추얼 인플루언서라는 사실이 티 나지 않도록 해 사람들이 몰입할 수 있게 하려는 것이다. 그런데 플레이브는 오히려 오류를 드러내 Z세대가 즐기고 찾는 요소가 됐다. 유튜브 검색창에 '플레이브'만 입력해도 연관 검색어로 바로 '오류'가 뜰 정도로 웃긴 오류가 많다. 사람들이 이를 보고 입덕하고 있다. 예를 들어 호신술을 보여주겠다며 발차기하는 순간 신발에 오류가 나 신발 위로 맨발이 튀어나오는 식이다. 땀이 난다며 얼굴을 닦는데 손이 무서울 정도로 꼬이는 오류가 발생하기도 한다.

실시간으로 진행되는 방송에서 이런 오류를 보고 있자면 너무 웃긴 킬링 포인트가 많다. 사람들이 SNS에 '내가 플레이브를 보는 이유'라며 올리는 게시물을 살펴보면 거의 다 오류 영상 모음집인 걸 확인할 수 있다. 버추얼 인플루언서가 가진 부자연스러움이라는 한계를 오히려 전면에 내세워 웃음을 자아내고 과몰입을 유발한 사례다. 되레 인간미가 느껴진다는 반응까지 나온다. 얼마 전에는 플레이브 1기 공식 팬클럽이 출범할 정도로 인기가 날로 높아지고 있다.

'귀여우면 지구뿌셔'라고 할 정도로 귀여운 것을 좋아한다

2023년은 '용인 푸씨'의 해가 아닐지 싶을 정도로 경기 용인시에 있는 에버랜드에서 살고 있는 판다 푸바오의 인기가 뜨거웠다. SNS에 푸바오가 사육사와 함께 있는 사진과 영상이 많이 올라온다. 모르는 사람이 거의 없을 듯하다. 푸바오는 중국 정부가 국가 간 우호를 위해 우리나라에 보낸 판다다. 얼마 전 중국이 미국에 보낸 판다가 눈에 띄게 마른 모습이 커뮤니티에서 화제가 된 후 푸바오 영상이 더욱 인기를 끌었다. 푸바오가 고령의 사육사와 다정하게 있는 영상이다. 둘의 케미가 워낙 좋아 사육사가 '푸바오 할아버지' 아닌가 싶어질 정도다.

독립해서 에버랜드와 사육사 곁을 떠나야 하는 시기에는 중국 누리꾼들도 영상 속 푸바오의 모습을 보고 "돌아오지 말고 거기서 살아."라는 댓글을 달았다. 최근 에버랜드는 SNS에 푸바오의 독립과 이를 지켜보는 사육사를 담은 영상을 올렸다. 이를 두고 "사람과 동물 사이에 유대감이 정말 있구나." "중국으로 돌아갈 때 얼마나 슬플까?" "푸바오 여권 제발 압수해주세요." 같은 반응이 다수였다. Z세대에게 귀여운 것은 굉장히 중요하다. 오죽하면 '귀여우면 지구뿌셔'라는 단어가 있겠는가. 귀여운 것에 대한 이들의 반응 때문에 캐릭터를 활용한 마케팅과 산업 역시 늘어나고 있다.

기업들이 캐릭터 사업을 선호하는 이유가 무엇 때문일지 생각해 보면 답은 셀럽 효과라고 할 수 있다. 셀럽은 브랜드의 이미지를 대표하는 앰배서더 등으로 활약한다. 문제는 시기별로 모델을 교체할 때마다 기업의 이미지가 변화될 뿐만 아니라 그에 맞는 이미지를 갖고 있는 셀럽을 찾기는 쉽지 않다. 셀럽을 섭외한다고 해서 끝난 것도 아니다. 더 큰 문제는 광고 계약이 끝나기 전까지 셀럽에게 사고가 일어나지 않기를 바란다. 사고가 나면 그 셀럽과 계약했다는 이유로 기업

이미지도 타격을 받을 수 있기 때문이다. 그래서 애초에 기획할 때부터 기업 이미지와 맞고 사고 칠 걱정이 없는 캐릭터를 모델로 인큐베이팅을 한다.

요즘 시장을 보면 잘 만든 캐릭터는 진짜 웬만한 셀럽 아쉽지 않을 정도로 다양한 경로로까지 확장하는 것을 볼 수 있다. 대표적인 예로 '잔망 루피'가 있다. 이미 여러 기업의 모델로 채용되었을 뿐만 아니라 자체 굿즈, SNS, 웹예능에도 자리 잡고 있다. 기업 자체에서 제작한 '도구리'와 '벨리곰' 등도 있다. 벨리곰은 롯데홈쇼핑의 캐릭터이다. 석촌호수에 대형 벨리곰이 등장했을 때 수많은 Z세대의 피드를 정복하기도 했다. 이와 같은 사례는 계속해서 늘어나게 될 텐데 맑눈광(맑은 눈의 광인)인 「쿵야쿵야」 채널의 양파쿵야 역시 세계관을 점점 확장하더니 맥도날드 광고까지 따냈다.

카카오톡 이모티콘은 캐릭터가 갑자기 발달하기 시작한 데 큰 역할을 했다. 카카오의 대표 캐릭터를 시작으로 누구나 캐릭터를 만들 수 있는 세상이 되었다. 카카오톡 이모티콘으로 올해가 무슨 해인지 캐릭터만 보고도 인지할 수 있을 정도다. 2023년 이모티콘 자리다툼은 생각보다 치열했다. 가장 먼저 '베니' 토끼가 있다. 베니 토끼는 이모티콘으로 만난 사람이 많을 것이다. 사실 베니는 싸이월드 시절부터 유행한 토끼 이모티콘이다. 새해가 되자 베니와 컬래버한 프라다가 이모티콘을 무료로 배포했고 글래드호텔은 베니 팝업 전시회를 열기도 했다. '그냥그런토끼'도 인기인데 되게 유연하게 몸을 움직이면서 사람을 열받게 하는 이모티콘을 한 번쯤 받아봤을 것이다. '그냥 그런토끼'는 코카콜라와 협업해 이모티콘을 만들었다. Z세대는 이모티콘 없이 대화가 불가능한 존재라서 기업들이 이런 마케팅을 많이 선택한다.

이모티콘으로 캐릭터가 자리를 잡기 시작했지만 캐릭터 산업이 활성화하게 된 계기는 코로나19였다. 코로나19 때 사람들이 돌아다닐 수 없으니 패션쇼나 팝업 등 사람을 불러 행사하는 것이 어려웠다. 줌이나 녹화 등으로 행사하는 것에는 한계가 있으니 아예 애니메이션 자체와 컬래버를 하기 시작한 것이다. 이탈리아 브랜드 모스키노는 70센티미터 인형들을 제작해 패션쇼를 진행했고 입생로랑은 옷을 360도 어떤 각도에서든지 확인할 수 있도록 했다. 모델과 관중 없이 진행하는 패션쇼를 보며 어떻게 저런 아이디어를 생각했는지 궁금했다. 발렌시아가는 심슨과 컬래버를 하면서 사람이 하던 앰배서더 역할을 캐릭터도 충분히 할 수 있다는 것을 보여줬다.

심슨이 아내 마지의 생일을 챙겨주기 위해서 발렌시아가에 메일을 보내 드레스를 받게 된다. 어마어마한 가격의 드레스를 지키기 위해 최선을 다하는 스토리가 전개된다. 영상에 발렌시아가의 디자이너 뎀나 바잘리아가 등장하기도 하고, 프론트로의 대명사라고 할 수 있으며 『악마는 프라다를 입는다』의 실존 인물인 안나 윈투어가 등장하기도 한다. 이렇게 패션쇼 대용으로 컬래버를 통해 만든 콘텐츠로 셀럽이 아닌 대중이 신상품에 접근하기가 쉬워졌다. 이로 인해 브랜드 인지도가 훨씬 올라갔을 뿐만 아니라 스토리까지 추가되어 발렌시아가의 이미지가 대중화될 수 있었다.

이런 사례를 보았을 때 캐릭터가 브랜드와 컬래버를 해서 모델을 하게 되면 장점이 많다. 여기에서 가장 중요한 것은 어떤 스토리를 가지고 있느냐는 것이다. 최근 은행권이 캐릭터와 컬래버하는 사례를 많이 볼 수 있다. 카드에 캐릭터를 그려 넣어 Z세대 고객을 끌어들이기 위한 마케팅이다. Z세대 고객이 미래 주요 고객이기에 기업에는 굉장히 중요하다. 혜택을 문화생활을 즐기는 것으로 해서 Z세대를 확실히 타깃으로 삼았다. 혜택 외에 이들을 잡을 방법도 고안했다. 귀엽거나 참신한 캐릭터와 컬래버를 해 카드를 결제할 때 귀여운 카드를 꺼내는 기분이 들게 하는 것이다.

카카오뱅크가 카카오 캐릭터들과 함께 탄생하면서 이 시장은 더욱 커지게 되었다. 그중 토스는 기존 귀여운 캐릭터와 컬래버를 하지 않고 아예 자체적으로 캐릭터를 만들고 여기에 스토리를 더해 사람들의 시선을 끌었다. 토스의 '키워봐요' 적금에 가입하면 알이 지급되고 이틀 후 알이 부화하면서 적금과 함께 점점 커진다. 알은 무작위로 제공되는데 유령, 거북이, 문어, 망아지의 네 가지 캐릭터가 있다. 알을 바꾸고 싶으면 친구를 초대하면 된다. 사람들이 캐릭터를 키우기 위해 적금을 넣고 친구를 초대하는 과정에서 토스의 고객은 점점 더 확대된다. 키운다는 콘셉트 하나로 유명하지 않았던 캐릭터도 키우고 Z세대도 잡은 사례라고 볼 수 있다.

기업들은 앞으로 계속해서 캐릭터를 만들어낼 것이다. 캐릭터를 만들 때 드는 비용보다 활용도와 마케팅을 할 수 있는 방법이 훨씬 더 많기 때문이다. 캐릭터를 만들 때 가장 중요한 것은 우선 스토리텔

링이다. LG유플러스의 '무너', 엔씨소프트의 '도구리'를 보면 캐릭터가 신입사원으로 회사에서 살아남는다는 콘셉트를 가지고 있다. 이런 콘셉트 외에도 최근 사랑받는 캐릭터들인 잔망루피, 양파쿵야 등의 캐릭터는 귀엽고 하고 싶은 말을 다 하는 특징이 있다.

Z세대가 공감할 수 있는 스토리를 담고 있고 Z세대와 닮은 캐릭터를 만들어야 이들이 잘 가지고 놀고 귀엽다고 느낄 수 있다. 제작한 캐릭터를 더 유명하고 비슷한 이미지를 가진 캐릭터와 컬래버를 하는 것 역시 좋은 방법이다. 캐릭터를 만드는 것이 부담스럽고 단발성 이벤트로 캐릭터를 활용하고 싶다면 네이버 웹툰에서 좋은 캐릭터를 찾을 수도 있다. 이미 스토리가 있는 캐릭터이기 때문에 세계관도 확실하다. 그중 기업 이미지와 잘 맞는 캐릭터를 찾아서 붙이면 된다.

양파쿵야, 산리오, 빵빵이, 파워퍼프걸 등 다양한 캐릭터가 활약했던 2023년의 캐릭터 시장은 빠르게 변화했다. 인기 있는 캐릭터를 찾기가 너무 어렵다면 카카오톡 이모티콘의 순위권에 올라 있는 캐릭터를 확인해보면 된다. 캐릭터는 끊임없이 나올 것이다. 그리고 이들과의 컬래버는 리스크를 최소한으로 할 수 있는 장점까지 있다. 지금 마케팅을 하고 싶다면 해야 할 일은 자사 브랜드와 상품과 스토리가 가장 착 붙는 캐릭터를 찾는 것이다. 그러면 Z세대는 자연스럽게 반응할 것이다.

별안간 과몰입해서 눈물 흘리는 ○○이 된다

영화 「바비」 시사회 때 모든 행사장을 핑크로 물들이고 배우들에게 분홍색 옷을 입히는 등 핑크 콘셉트를 절대 잃지 않았다. 그래서 팬들도 영화를 보러 갈 때 분홍색 옷을 입고 보러 갔다. 바비 영화를 제작할 때 전 세계의 분홍색 페인트가 부족했다고 한다. 이게 왜 중요한지 의문을 가질 수도 있다. 하지만 우리는 「바비」 제작진들이 그 세트와 영화에 얼마나 진심이었는지를 알 수 있다. 궁금하지 않아도 궁금하게 만드는 세상이다.

예를 들어 어느 날 갑자기 크롬에서 인터넷이 끊기면 공룡이 뛰어다닌다. 인터넷이 없는 세상이 마치 선사시대와 같고 선사시대를 대표하는 게 공룡이라 공룡이 등장한 것이다. 이렇게 궁금하지 않았는데 궁금하게 만드는 소재가 SNS에 너무 많이 늘어났다. 커뮤니티와 알고리즘 등도 그쪽으로 인도하니 자연스럽게 알게 된다. Z세대는 이러한 사소한 디테일 하나하나에 감동하고 궁금해한다. 그래서 마케팅할 때 이유가 없으면 안 된다.

유한락스의 사례에서도 알 수 있다. 유한락스를 검색하면 연관 검색어에 '유한락스 답변'이 있을 정도로 유한락스의 답변은 유명하다. 유한락스는 고객에게 하는 답변이 그 누구보다 진심인 계기는 알 수 있다. 고객에게 감동을 주는 이런 답변이 주목받게 된 것은 유한락스를 참깨와 함께 사용하지 말라는 문구였다. 유한락스 제품 라벨에는 주의사항으로 뜬금없이 참깨와 함께 사용하지 말라는 문구가 있어 사람들이 홈페이지에 질문을 한 것이었다. 참깨 스토리를 듣고 난 후 다른 답변들도 살펴보니 유한락스가 초등학생 고객에게 남긴 문구도 있었고 락스에 관한 오해에 대해서 답변한 문구도 있었다. 그 무엇 하나 감동적이지 않은 문구가 없었다. 즉 그 답변 때문에 유한락스 하면 친절하고 감동을 선사하는 브랜드로 사람들에게 자리 잡게 된 것이다.

물 들어왔을 때 노 저으라는 말이 있듯이 유한락스는 락스 사용에 관한 모든 궁금증을 해소해주는 답변을 모은 『더 화이트 북THE WHITE BOOK』을 펴냈다. 당시 담당자는 고객의 질문에 친절하게 답하며 고객과 소통하는 이미지를 쌓았다. 이후 자주 하는 질문을 모아 『더 화이트 북』을 제작하기에 이르렀다. 락스에 관한 궁금증을 해소하고 잘못된 정보를 바로잡기 위함이라고 한다. 이런 게 바로 Z세대가 요구하는 '소통'을 잘한 예라고 할 수 있다. 유한락스는 답변 하나로 별안간 고객을 눈물 흘리게 했다. '별안간 눈물 흘리는 ○○'라는 말은 커뮤니티에서 Z세대가 많이 사용하는 말이다. 특정 디테일이나 감동 포인트를 발견해 갑자기 눈물이 주르륵 흐르는 상황을 말한다.

마케팅할 때 이런 포인트를 잡는 것이 중요하다. 사람들이 알게 되었을 때 감동할 디테일한 포인트를 잡아야 한다. 애플 아이폰과 삼성 갤럭시폰 속 기본 이미지는 항상 똑같은 것 같지만 그 시대를 반영하여 계속 변화하고 있다. 이번에는 어떤 이모티콘이 나오는지 궁금해하는 것 역시 재미 중 하나다. 코로나19 때는 마스크를 쓴 이모티콘이 많이 등장했고 기존에는 남녀 연인만 있던 이모티콘에 다양한 성별의 사랑을 나타내는 이모티콘이 등장하기도 했다.

이런 디테일을 Z세대는 잘 찾아내는데 몇 년 전 누리호 기사 제목만 봐도 그 현상을 알 수 있다. 누리호가 궤도 안착에 실패한 후 연합뉴스 기자가 '무한 우주에 순간의 빛일지라도'라는 제목으로 기사를 작성했다. 기사 제목은 원래 직관적으로 파악할 수 있게 현상 그대로를 표현해서 작성하는 것이 대부분이다. 하지만 이 기사 제목은 사람들 사이에서 크게 바이럴이 됐다. 꼭 성공하지 않아도 시도 자체는 멋진 것이라는 메시지도 전달했다.

Z세대가 별안간 눈물을 흘리는 것은 기존의 인식에 변화가 생겼거나 문제를 다르게 인식하게 되어 더 크게 각인되기 때문이다. 또 다른 사례를 소개하자면 2023년 가장 마음 아픈 기사 중의 하나였다. 참전 용사이신 할아버지가 돈이 없어서 슈퍼에서 음식을 훔쳤다는 기사였다. 이후 사람들은 그분들에 대한 대우가 너무 심한 거 아니냐는 등의 말이 나오고 있다. 나라를 지켜주신 감사한 분들을 국민이 잊지 않게 하려면 노력과 환기가 필요하다고 생각한다.

서울역에 엄청난 열차 지연 사고가 발생한 적이 있다. 역내에 있는 전광판에 지연이라고 나오는데 무려 70년째 지연 중인 고향행 열차였다. 출발 시간 06:25, 열차번호 1950, 열차 종류 DMZ인 이 열차는 DMZ에서 돌아오지 못하고 계신 6·25 전사들의 귀향을 의미했다. 6·25 전사들을 유가족의 품으로 돌아가게 하자는 취지의 캠페인이었다.

Z세대가 반응하는 마케팅의 긍정적인 사례는 카피 한 줄, 문구 하나로 사람들을 움직이게 만든다는 것이다. 이런 사례들이 많아져 중

요한 문제에 관해서 사람들이 관심을 갖게 만들어야 한다. Z세대는 환경에 대한 관심이 많다. 환경을 위해서 일회용품 사용을 줄이자는 인식 정도는 당연하다. 배달의민족에서도 일회용품을 받을지 말지 선택하게 해 환경을 지키고자 하는 사람들에게 불편함을 줄이려고 노력한다. 환경은 Z세대에게 정말 중요한 키워드다. 이미 250만 인구가 환경을 위해 비건을 선택했다. 이들에게 텀블러와 장바구니는 필수 아이템이고 패션의 하나가 됐다. 관심사가 유행보다 더 중요하다 보니 기업도 마케팅할 때 환경 키워드를 넣어 팝업스토어를 열거나 플로깅을 한다.

2022년 대한제분 곰표는 플로깅 행사로 Z세대의 주목을 받았다. 산 입구에서 곰표 포대를 받아 쓰레기를 주워 담으며 정상까지 올라가면 굿즈를 주는 행사였다. 여름에도 눈에 띄는 행사들이 있었는데 그중 하나가 쓰레기가 돈이 되는 '씨낵SEANACK'이라는 행사였다. 씨낵은 제일기획이 기획하고 한국관광공사와 롯데백화점이 함께한 행사다. 간단하게 말해 바다에 있는 쓰레기를 주워 오면 쓰레기 무게를 잰 후 그 무게만큼 해양 생물 모양의 과자로 바꿔주는 캠페인이다. 간단한 캠페인이지만 환경에 대한 인식과 Z세대가 좋아하는 게임적 요소를 더해 인기를 끌었다.

이 밖에도 한강에 가면 꼭 필요한 돗자리를 가지고 환경 캠페인을 한 사례가 있다. 한겨레신문은 폐플라스틱을 재활용한 소재에 환경에 관한 기사를 프린트한 신문 돗자리를 제작했고 노랑통닭은 재생용지인 크래프트지를 찢어서 돗자리로 활용할 수 있도록 한강에 배치했다. 둘 다 기발한 아이디어를 바탕으로 했고 환경 문제가 인식될 수 있도록 하여 사람들에게 큰 인기를 끌었다. 사람들은 문제를 인식하고 스스로 움직일 수 있게 하는 마케팅에서 재미를 느낀다. 물론 마케팅이 문제에 대한 인식을 짚는다고 다 환영을 받는 것은 아니다.

또 덕후들 심장에 무리를 주는 마케팅 역시 별안간 눈물을 흘리게 만드는 마케팅 중 하나라고 볼 수 있다. '나 아니면 너희가 어떻게 알겠어.' 같은 느낌의 마케팅인 것이다. 예를 들어 영화 「나 홀로 집에」에 등장한 집을 에어비앤비로 예약할 수 있게 하는 것이다. TV에 나오는 공간을 체험할 수 있게 하여 과몰입하게 만드는 것이다. 카카오택시 앱으로 택시를 부르면 도착지에 콘텐츠나 상품을 홍보하는 광고를 사람들이 정확히 인식되게 된 것은 넷플릭스 「승리호」의 등장과 함께일 것이다.

넷플릭스의 광고 스케일은 항상 크고 사람들에게 강렬한 인식을 남겼기에 뻔하다고 생각할 수 있다. 하지만 강남 한가운데 추락한 우주선을 배치하고 카카오택시에 마케팅해서 강남에 가지 않는 승객들도 떨어진 우주선의 위치를 인식하고 관심을 가질 수 있도록 했다. 이때부터 카카오택시도 하나의 마케팅 플랫폼이 될 수 있다는 것이 사람들에게 인식되어 마케팅 수단 중 하나로 적극적으로 활용되고 있다.

디테일을 살려 Z세대가 별안간 감동하고 울게 만들려면 잘 맞는 광고를 어디에 배치해야 하는지도 고민해야 한다. 잘 보이고 유동 인구가 많은 것만 중요한 것이 아니다. '그냥 참신한 아이디어가 인기 있는 거 아닌가?'라는 생각을 할 수 있다. 결론을 말하면 그게 맞다.

여기서 하고자 하는 말은 Z세대는 크게 광고하지 않아도 재밌고 신기하면 마케팅에 반응한다는 것이다. 찐팬이나 덕후만 알아볼 수 있게 하는 디테일한 마케팅도 좋고, 지금까지 어디서도 보지 못했던 참신한 마케팅도 좋다. 더 이상 광고는 옛날처럼 거부감이 드는 것이 아니다. 광고가 재밌으면 오히려 제품을 찾아서 직접 경험하거나 사용하고 싶어 한다.

라이프스타일 4

재미를 추구하고
지루함을 싫어한다

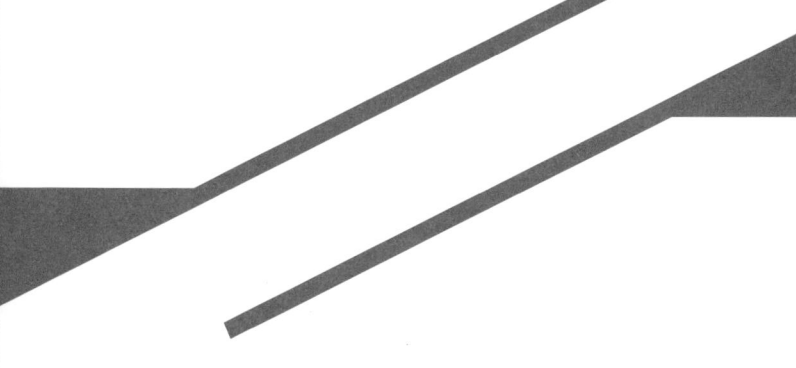

인생 노잼 시기
: 무료함과 지루함은 용납하지 못한다

안정을 찾는 대신 재미를 쫓는다

Z세대가 입버릇처럼 하는 말이 있다. '인생 노잼 시기'다. 특히 최근에 인생 노잼 시기라는 말을 하는 주변 사람들이 더 많아진 것 같다. 도대체 이들은 인생이 왜 이렇게도 재미가 없는 걸까? Z세대가 나이가 들면 평균 수명이 120세라는 말이 있다. 120세까지 살아야 하는데 지금 당장 내 인생을 봤을 때 어찌 보면 갑갑할 것이다.

지금 월급과 아파트 가격을 생각해보면 집을 살 수도 없다. 이자와 금리는 미친 듯이 올라가는데 월급이 따라서 올라가는 것도 아니어서 생각해보면 할 수 있는 것은 한정되어 있다. 당장 집도 있고 차도 있는 안정적인 미래가 그려지지 않기 때문에 오히려 절약보다는 플렉스를 하게 된다. 그래서 본인을 위해 더 투자하고 한 살이라도 젊을 때 어떻게 인생을 더 재밌게 살 수 있을까를 고민하는 것이다. 쉽게 말해서 1만 원을 아낀다고 해서 인생에 큰 변화가 없는 세대다.

  Z세대에게 평생이라는 말은 진짜 어울리지 않는다. 예전에는 10년 근속을 하면 2주에서 한 달 정도 근속 휴가를 주었는데 최근 근속 연수가 3년으로 줄어든 것을 볼 수 있다. 그 이유가 뭘까 고민해보면 한 회사를 10년 다닌다는 것은 과거에는 당연한 것이었지만 현재 Z세대에게는 말도 안 되는 것이기 때문이다. 최근 취업 트렌드를 보아도 3년 이상 회사에 다니는 사람도 점점 줄어들고 있다. 평생 무언가를 한다는 것도 어색한 세대이고 평생을 생각하기에는 당장 오늘도 살기 힘들다. 이들은 안정성보다는 재미를 추구하고 본인이 원하는 것을 추구한다.

  어느 순간부터 웹툰이나 웹소설 사이트를 보면 '눈떠보니 내가' '전생에 ○○이었던 내가' 등의 문구가 많아진 것을 볼 수 있다. 과거로 회귀해 인생을 다시 사는 장르를 회귀물이라고 하는데 급속도로 빠르게 유행하는 걸 볼 수 있었다. 인기리에 종영한 드라마 「재벌집 막내아들」 「이재, 곧 죽습니다」 「내 남편과 결혼해줘」 등은 현생에서 죽었는데 눈뜨니 전생으로 회귀해 다시 사는 내용이다.

  회귀물은 지난 생에 위기에 처하거나 누군가에 의해 끔찍한 삶을 살다 죽은 주인공이 다시 과거로 회귀해 인생을 성공적으로 살아가는 내용이 대부분이다. 처음에는 몇 편이 유행하고 말지 않겠느냐고 생각했다. 하지만 회귀물과 다른 사람으로 빙의하여 또 다른 인생을 사는 빙의물이 끊임없이 유행하는 것을 보면서 이는 웹소설과 웹툰 시장에서 주 타깃으로 삼는 Z세대가 원인일 수 있겠다고 생각하게 되었다. 불안정하고 다시 시작하고 싶은 마음을 콘텐츠에 반영한 것이다. Z세대가 살고 있는 세상은 그만큼 불안정하고 안정을 찾기가 어려운 만큼 이를 포기하고 계속해서 중독처럼 재미만 쫓게 되는 것이다. 이들이 '노잼, 노잼'이라며 재미만 집착하고 웬만한 자극적 요소가 아니고는 즐거움을 느끼지 못하는 것도 이러한 이유 때문일 것이다.

SNS를 통해 재미와 낭만을 찾는다

당근마켓을 하는 Z세대에게는 돈보다 더 큰 목적이 따로 있다. 당근마켓이 유행하게 된 이유는 여러 가지가 있다. 그중 가장 큰 이유는 바퀴벌레 잡아주기, 강아지 산책 대신 시켜주기, 밥 친구 해주기 등 자신이 해결하지 못하는 소소한 일들을 해결해주는 주변의 친구를 만날 수 있다는 것이다. 심지어 당근마켓의 내 계정의 온도를 올리기 위해 물건을 무료로 나누는 사람들도 많았다.

당근마켓이 성공한 이유는 '동네' 콘셉트를 지속적으로 유지했기 때문이라고 생각한다. 당근마켓은 일정 거리에서만 물건을 거래할 수 있고 동네 친구를 사귈 수 있게 했다. 신기하게도 실제로 당근마켓 거래를 하다가 커플이 되는 경우가 많다. 거래가 끝나고 다시 연락을 주고받으면서 썸을 탄다고 한다. 주변에도 이미 몇 커플이 있는 걸로

봐서 이미 많은 Z세대가 이렇게 연애하고 있을 것으로 추측된다.

이뿐만 아니라 취미를 함께하는 동호회 등에서도 소개팅을 해주는 경우가 많다. 한 취미 모임에서는 단톡방에 주변 지인들 사진을 올리며 나이, 직업, 이름, MBTI 등을 함께 올려 소개팅을 주선한다고 한다. 이렇게 되면 지인의 지인이 아니기 때문에 부담스럽지 않게 소개팅을 할 수 있다고 한다. 이렇게 다양한 플랫폼들이 기존의 목적을 변경하여 Z세대가 새로운 사람들을 만날 수 있게 한다. Z세대는 인생 노잼에서 벗어나기 위해 여러 가지 노력을 한다.

Z세대와 SNS는 뗄 수 없는 관계라는 인식이 있다. 하지만 반대로 SNS를 지우는 이들도 늘고 있다. SNS라는 가상공간이 아니라 실생활에서 본인에게 좀 더 집중하고 좋아하는 것을 찾으려는 것이다. 그 중심에는 가수 조승연의 '굳이데이'가 있다. 굳이데이는 "굳이?"라는 말이 절로 나오는 무언가를 하는 날로, 이를테면 조개구이를 먹으려고 굳이 인천에 가는 식이다. 조승연이 자신의 유튜브 채널에서 "낭만을 찾으려면 귀찮음을 감수해야 한다."라고 말한 적이 있다. 이 말이 Z세대 사이에서 퍼지면서 굳이데이를 실천하는 사람이 하나둘 생겨나고 있다. 조승연은 트위터에 "나보다 굳이데이가 더 유명해졌다."라는 글을 남기기도 했다. 왜 사람들이 굳이데이에 과몰입하는 것일까? Z세대가 SNS를 좋아하고 그것을 통해 행복을 과시하는 듯 보이지만 실은 낭만과 자기 자신의 재미를 가장 중시하기 때문이 아닐지 싶다.

인생샷과 생일 파티
: 특별한 날은 정말 특별해야 한다

다양한 방법으로 생일 주간을 챙긴다

'파티' 하면 제일 먼저 생각나는 건 하이틴이다. 한국에서 생일파티라고 하면 친구들과 오순도순 모여 술을 잔뜩 먹는 파티를 생각할 수 있다. 하지만 이제는 그렇게 생일파티를 하지 않는다. 생일파티는 보통 생일 당일이나 생일이 있는 주의 주말에 할 거로 생각하겠지만 이제는 생일 주간이라는 용어가 생겼다. 즉 생일을 한 주 내내 다른 사람과 하는 것이다. 심지어 인싸 중에 인싸의 경우는 한 달 정도 생일 파티를 하기도 한다. 생일 주간이 생기게 된 이유는 그만큼 생일을 챙기는 방법이 다양해졌기 때문이다.

돌잔치보다 준비할 부분이 많은 게 Z세대의 생일파티다. 주인공도 바쁘고 파티에 초대된 사람도 바빠지는데 생일 주인공은 일단 친구에게 보낼 초대장과 파티 장소를 골라야 한다. 인생샷을 건지려면 장소와 드레스코드가 굉장히 중요하다. 먼저 장소는 크게 두 가지로 나뉜다. 파티룸이나 에어비앤비를 고르거나 SNS에서 유명한 맛집을 고른다. 사실 장소는 이제 크게 중요하지 않아졌다. 일단 장소를 고르게 되면 가장 먼저 인스타에 '#○○호텔' '#파티룸' 등을 검색해 어느 스폿에서 사진이 잘 나오는지까지 확인해야 한다. 이를 확인하는 이유는 그 식당이나 술집에 갔을 때 케이크를 들고 똑같은 각도로 사진을 찍어 인생샷을 건지기 위해서다.

그러면 지금부터 장소를 예약했다 생각하고 Z세대식 파티 준비를 시작해보자. 인스타그램에서 케이크만 검색해도 케이크 주문 제작 관련 게시글이 35만 건 이상 나온다. 과거에는 유명 프랜차이즈나 동네 베이커리에서 케이크를 구매했다. 하지만 이제는 커스텀 케이크의 등장으로 케이크의 계보가 완전히 달라졌다. 동물 모양의 입체 케이크나 하프케이크 또는 소주, 햄버거, 치킨 등 좋아하는 음식을 표현한 케이크를 제작하기도 하고 그 친구만의 별명이나 사진을 넣기도 한다. 특히 생일 주인공이 덕질을 하는 사람이라면 고화질의 연예인 사진을 넣어 선물하는 포토 케이크를 주문 제작하기도 한다. 케이크 모양이 예쁘면 맛이 별로라고 생각할 수도 있다. 주문할 때 안에 들어가는 시트지까지 선택할 수 있기에 걱정할 필요가 없다. 이렇게 예쁜 케이크를 주문해 친구에게 감동을 줄 수도 있지만 반대로 진짜 킹받게 하는 문구와 케이크를 선물할 수도 있다.

필자도 거의 한 달에 한 번 정도 케이크를 주문하는데 디자이너 포트폴리오를 확인할 때와 마찬가지로 인스타그램에서 케이크 가게 사진들을 꼼꼼히 살펴 주문한다. 커스텀 케이크는 잘하는 가게일수록 예약이 힘들기에 적어도 일주일 전에는 예약해야 한다. 트위터에 자주 보이는 젤리 케이크는 전체가 다 젤리로 된 케이크다. 필자도 친구 생일에 사봤는데 꺼내는 순간 모두의 이목을 집중시킬 수 있는 것만큼은 확실하다. 지금까지 빵으로 만든 케이크만 먹어봤다면 솔직히 한 번쯤은 편견을 깨고 새로운 케이크에 도전할 때가 됐다.

'젤로샷케이크'라는 서울 망원역 근처 가게에서 파는 케이크가 SNS에서 이슈가 된 적이 있다. 하이틴 영화에서 누구나 한 번쯤 봤을 것 같은 디자인이다. 친구들 생일에는 꼭 케이크를 주문 제작하는 편이라 신선한 느낌을 줄 만한 걸 찾다가 주문해봤다. 필자와 같은 생각이라면 만족스러울 것이다. 특히 친구가 사진 찍는 걸 좋아한다면 이벤트용으로 더없이 안성맞춤이다. 진짜 젤리 맛이고 원하는 문구를 케이크 위에 올릴 수도 있다. 만약 예약할 수 없는 상황이라면 노티드에서 판매하는 곰돌이 케이크나 누데이크 케이크를 구매하는 것도 방법이다. 케이크의 유행 역시 계속해서 변하는데 누데이크의 등장 이후 예술 작품을 떠올리게 하는 케이크가 유행되었다.

아트 케이크가 뭔지 궁금하다면 충무로에 있는 '원형들'이라는 가게의 케이크를 보면 된다. 이 밖에도 Y2K 감성의 케이크 역시 유행 중이다. 케이크에 꼭 필요한 초는 숫자 초 외에도 스마일 초, 맥주 초 등 케이크와 잘 어울리는 모양으로 나와 있다. 예쁜 사진을 위한 데커레이션 필수템이니 절대 빼먹어선 안 된다. 불을 켜는 순간 초가 확

퍼지면서 노래가 나오는 것도 있고 색깔이 알록달록하게 나오는 오로라 초도 있다. 인싸가 되고 싶다면 케이크 초도 신중하게 골라야 한다. 케이크 디자인이 너무 예쁘다면 케이크를 망치지 않게 작은 초를 구매하는 것도 추천한다.

인생샷을 위해 소품을 사고 장소를 꾸민다

Z세대에게 인생샷은 필수다. 인생샷을 찍기 위해 가장 중요한 D사 제품을 구해야 한다. D사는 다이소다. 다이소에는 Z세대의 생일파티 필수템들이 많이 있다. 파티 공간을 꾸미는 소품 외에도 다양한 선물을 살 수 있어서 다이소를 털어야 한다. 먼저 가장 중요한 것은 공주 세트다. 왕관, 귀걸이, 목걸이, 반지가 있다. 처음 이 세트는 한소희 때문에 유명해지게 되었다. 한참 구하기가 힘들었던 그때 이슈가 있었다. 목걸이가 늘어나거나 채우는 상품이 아닌데 한소희는 도대체 저걸 어떻게 착용했냐는 것이었다. 그래서 소두 인증을 하는 상품으로 사용되었다. 지금은 다행히 목걸이 뒤를 풀어서 착용할 수 있어 민망한 상황은 피할 수 있게 되었다. 최근에는 공주 세트를 넘어서 공주 가방이 등장하더니 장갑, 가방, 어깨에서 허리로 걸치는 띠지까지 나와서 이것들을 착용하고 사진을 찍는다. 컬러도 핑크, 블루, 퍼플 등이 있으니 퍼스널 컬러에 맞춰서 구매할 수 있다.

여기까지 생일자의 소품을 골랐다면 이제 장소를 꾸밀 차례다. 앞에서 장소가 중요하지 않을 수 있다고 말한 까닭은 벽에 직접 풍선을 붙이기 어렵거나 벽이 예쁘지 않은 공간일 경우 다이소 표 파티커튼을 구매하여 해결할 수 있기 때문이다. 일단 풍선은 필수다. 'HAPPY BIRTHDAY' 문구 풍선을 사거나 영어 글씨가 다 없다면 순발력을 발휘해 'LOVE'라도 구매하라고 권하고 싶다. 파티를 즐기다 보면 벽에 붙어 있는 풍선 글씨의 바람이 빠지거나 추락할 수도 있으니 일단 사진부터 찍고 본격적인 파티를 시작해야 한다는 점도 절대 잊어서는 안 된다.

    사진을 찍는 방법 역시 여러 가지가 있다. 최근 가장 많이 찍는 방법은 카메라로 많은 사람이 내 사진을 찍어주는 그 풍경을 찍는 것이다. 제일 중요한 건 많은 사람이 찍고 있는 카메라들 속 사진들이 한번에 담겨야 한다는 것이다. 이 밖에도 셀카로 사진을 찍고 싶다면 여러 연예인의 SNS를 살펴보길 바란다. 최근에는 위에서 아래로 촬영한 사진이 많다는 걸 알 수 있다. 일명 항공샷이다. 손을 대각선 위쪽으로 뻗어 머리부터 발까지 다 보이게 찍는 것이다. 다른 사람을 찍어줄 때도 자리에서 일어나 위쪽에서 촬영하면 항공샷이 완성된다. 항공샷 이외에 또 많이 보이는 건 거울 앞에서 카메라를 들고 찍는 사진이다. 그냥 거울 셀카 아닌가 생각할 수 있지만 둘은 분명 다르다. 거울 셀카는 휴대전화 뒷면 카메라를 활용하지만 이 사진은 휴대전화 앞면 카메라로 사진을 찍는다. 셀카 모드로 설정된 휴대전화 앞면 카메라를 거울 쪽으로 향하면 자신이 총 3번 담긴 사진을 찍을 수 있다.

    이제 마지막으로 열두 시 정각이 되는 순간 축하할 예정이라면 가장 중요한 것은 노래 선곡이다. 정각에 생일빵을 때리는 대신 11시 58분쯤부터 노래를 세팅하고 어떤 노래를 부를지 골라야 한다. 필자가 추천하는 노래는 앤 마리의 「버스데이Birthday」 전소미의 「버스데이 Birthday」 조이의 「해피 버스데이 투 유Happy Birthday To You」 정도다. 12시 정각에 정확하게 틀어야 하기에 꼭 미리 세팅해야 다 같이 시계를 보고 있다가 틀 수 있다.

여기까지는 친한 친구들과 하는 생일파티였다면 2023년부터는 또 다른 생일파티가 생겼다. 바로 지인의 지인을 부르는 대관 생일파티다. "모르는데 어떻게 가요?"라는 유명한 일화가 있지만 이제는 모르는 사람의 생일파티도 가는 세상이다. 얼마 전 지인이 본인 친구 생일파티에 세 명을 데려가야 한다고 해서 같이 간 적이 있는데 일반인 생일파티에 300명이 와 있었다.

생일파티 조건은 입장료 2만 원과 술을 가져오는 것이었는데 생일자가 술집을 하나 대관하고 누구나 올 수 있게 하여 자유롭게 술을 먹고 놀았다. 몇 명만 모이는 문화가 아니라 공간을 대관해서 생일파티를 하는 게 유행이 돼 인스타그램에서 자주 친구 세 명을 데려오라는 생일파티 초대장을 볼 수 있다. 첫 생일이라는 돌잔치보다 챙겨야 할 것이 많은 20대의 생일파티 문화가 자리를 잡았다. 이 글만 보면 "유난이다." "생일을 이렇게까지 챙겨야 하나?"라고 말할 수도 있겠지만 자신을 사랑하는 하나의 방법이라고 생각한다. 늘 말하지만 이들은 스스로가 가장 중요한 세대다. 원래 인생의 주인공인 자신이 진짜 주인공이 되는 날이다. 누가 이들을 말릴 수 있을까?

집꾸
: 자신의 공간을 꼭 꾸며야 한다

집 꾸미기를 하고 집들이를 한 달 내내 한다

속옷을 신경 써서 입고 다니는 사람은 자존감이 높다는 말이 있다. 그만큼 남들에게 보이지 않는 부분에도 신경을 쓴다는 것이다. Z세대에게는 집이 그렇다. 집은 매일 남들이 놀러 오거나 공개해야 하는 공간은 아니다. 하지만 이 집에서 휴식해야 하는 자신이 가장 좋아하는 것들로 가득 채워놓고 편하게 지내고 싶다. MBTI가 I인 사람들은 밖에 나가기 싫어한다는데 집순이, 집돌이라고 해서 집에서 누워 있는 것만은 아니다.

이들도 집을 나만의 공간으로 만들고 그곳에서 사부작사부작 무언가를 하기 바쁘다. SNS라는 가상공간 피드도 분위기를 통일되게 하고 관리를 하는데 오프라인 공간이 이들에게 얼마나 소중할지 상상도 가지 않는다. 또 집콕과 제일 안 어울리는 세대가 코로나19로 인해 집콕을 해야 했다. 과거에는 자취방 하면 내가 대충 사는 집이라고 생각했지만 이제는 진짜 그렇지가 않다.

'집꾸미기' '오늘의집' 등 다양한 앱이 등장하며 집에 더 집중하게 된 것도 맞지만 코로나19 때 집이 주요 활동 공간이 되어버린 상황에서 이들은 집을 꾸미지 않고는 살 수 없었을 것이다. 코로나19로 인해 집에서 일어난 가장 큰 변화를 보여주는 것은 바로 핸드워시다. 코로나19를 기점으로 논픽션, 탬버린즈 등 프래그런스(향) 브랜드 수요가 급증하고 유행하기 시작했다.

카페나 식당을 운영할 때 좋은 핸드워시만 갖다 놓아도 장사가 잘 된다는 농담이 있다. 이때를 기점으로 그런 말이 돌기 시작했다. 이런 핸드워시는 보통 3만 원에서 비싸게는 5만 원이 넘어가기도 한다. 그런데 이런 상품들을 집에 두고 사용하기 시작했다는 것이다. 이것만 보아도 Z세대에게 코로나19 때 집은 단순히 쉬는 공간이 아니라 그 이상의 가치를 하기 시작한 것이다.

그럴 수밖에 없는 게 코로나19 당시에는 회사도 출근할 수 없고 음식도 집에서 먹어야 하고 노는 것도 줌으로 놀았다. 집에서 이 모든 것을 다 해결해야 한다면 작은 자취방 원룸이 집, 회사, 카페, 술집 모든 역할을 다 해야 했다. 그래서 집에 커피머신을 구매하는 사람도 많아졌고 술을 정리하는 장식장을 두는 사람도 생기게 되었다. 카페에서 예쁜 컵에 담긴 음료 사진을 찍어서 올리는 것처럼 집에 다양한 사진을 찍을 수 있는 컵과 같은 구성품을 비치해두어야 한다. 또 사진을 찍을 수 있는 스폿 하나 정도는 세팅해두는 것이 필수다. '동물의 숲' 게임을 보면 사람들이 집을 진짜 열심히 꾸미는 걸 볼 수 있다. 이는 현실에서 하지 못하는 공간을 꾸미는 데 집중한 것이라면 이제는 진짜 본인의 집을 동물의 숲처럼 꾸미기 시작한 것이다.

집 꾸미기가 본격적으로 시작되고 나서 잘 팔리기 시작한 몇 가지 상품들이 있다. 바로 인센스, 캔들, 무드 등이다. 이 세 가지 제품의 공통점을 고르라고 하면 심신 안정 또는 힐링 상품이라고 할 수 있다. 향이나 조명 등 공간의 분위기를 가꿀 수 있는 것들이 유행하는 것이다. 부모님 집에서 지낼 때는 거실, 안방 등과 콘셉트가 맞지 않아 본인의 방을 꾸미지 못했다면 특히 첫 자취를 할 때 공간 꾸미기 앱을 참고하여 집을 꾸민다. 이들 앱은 물건을 사는 것 외에도 온라인 집들이라고 해서 본인이 꾸민 집 사진을 올리거나 구매한 상품을 소개할 수 있게 했다. 이런 온라인 집들이 문화가 점점 더 확대되면서 집들이 문화도 달라졌다. 기존에 집들이는 보통 집을 구매하거나 신혼인 사람들이 한두 번 주최했다면 이제는 집들이를 한 달 내내 새로운 사람들을 불러서 한다.

집들이 초대장과 선물이 떠오르고 있다

Z세대는 사회초년생이 많아 졸업 시즌이면 직장 근처에 집을 구하는 친구들이 꽤 된다. 그러다 보니 옆자리 선배가 결혼식 청첩장을 받

는 것처럼 집들이 초대장이 단톡방에 자주 등장한다. 필자가 친구 집들이를 갈 일이 있었다. 빈손으로 오라고 하지만 정말 빈손으로 가면 죽을 것 같고 술을 사 가자니 그날 다 먹어버려서 무슨 선물을 줬는지 기억 못 할 것 같았다. 그래서 'OOTD(오늘의 패션)'처럼 친구 집에 찰떡인 선물을 구매하기로 했다. 최근 눈을 사로잡은 것 중 하나는 패브릭 포스터다. 집 안 분위기를 바꿀 때 많이 사용하는데 최근 인기인 건 자연을 담은 패브릭이다.

침대 머리 쪽에 크게 걸어두거나 창문을 열었을 때 더 시원한 느낌을 주고자 커튼 대용으로도 많이 쓴다. 소파가 흰색이라면 그 위에 파도 물결과 숲속 나무 질감의 패브릭을 올려놓아도 멋진 분위기를 연출할 수 있다. 혹시 패브릭이 너무 크다고 느껴진다면 체커보드 담요를 선물하자. 체커보드 담요는 의자나 소파에 올려놓을 수 있는 포인트 소품으로 쓸 수 있다. 집에서 요리하기 귀찮아하는 자취생이라도 물 마시는 컵이나 과자 담을 접시는 있어야 한다. 요즘에는 모양도 특이하고 책상에 올려만 놓아도 카페에 온 것처럼 연출할 수 있는 컵 종류가 많다. 지난해부터 SNS에서 점박이 컵, 뭉툭 머그컵이 홈카페 컵으로 꾸준히 인기다.

점박이 컵 하면 바로 떠오르는 크로우캐년은 브랜드 자체가 인스타그램 브이로그 감성을 정확히 이해하고 있는 것 같다. 메이크어포터리도 그런 브랜드 중 하나다. SNS에서 흔히 볼 수 있는 손잡이가 동글동글한 컵이다. 접시 역시 액세서리 보관용으로 책상이나 서랍에 올려놓아도 예쁠 만한 비주얼이다. 오프라인에서 컵을 사고 싶다면 필자가 가장 야무지게 잘 쓰고 있는 블루보틀 머그잔도 좋다. 블루보틀 로고 자체가 이미 힙의 대명사라 말이 필요 없고 생각보다 양도 많이 들어가 실용성 면에서도 좋다. 요새 집에 무드 등 하나 없는 사람 있을까 싶을 정도로 무드 등도 집 안 분위기를 바꾸고 있다. 캐릭터나 귀여운 동물 모양 무드 등도 좋지만 익숙하지 않은 새로운 무드 등을 선물해보는 것도 좋다.

최근 방에만 무드 등이 세 개가 있다고 할 만큼 무드 등이 없는 집도 없고 하나만 있는 집도 없다. 방의 콘셉트나 선반의 콘셉트에 맞게 무드 등을 켜지 않아도 그냥 필수품처럼 자리 잡고 있다. 트위터에서 요즘 유명한 브랜드 중 하나는 '챈초이'인데 패브릭을 램프에 덮은 것 같은 비주얼이다. 램프 자체에 강렬하지 않은 색상을 사용하고 크기도 작아 침대 옆이나 책상에 올려두기 딱 좋다. 아직 대유행까지는 아니라서 지금 사준다면 선물 증정식 때 뜨거운 반응을 얻을 수 있을 것이다. '렉슨'의 미나 램프도 많이 선물하는데 오늘의집이나 인스타그램 검색에서 쉽게 볼 수 있다. 챈초이 램프는 색상 때문에 주변과 조화를 신경 쓸 필요가 있다. 하지만 렉슨 미나 램프는 손잡이 색깔만 고르면 되니 어느 집에나 잘 어울린다.

여기까지는 감성을 위한 선물이었다. 집들이인 만큼 선물 증정식 때 관심을 받고 싶고 그 집에 갈 때마다 선물이 잘 남아 있는지도 확인하고 싶다면 앞에 소개한 선물 중에서 사주는 것이 좋다. 하지만 그것보다 '실용성이 최고다.'라고 생각하면서 휴지나 세제와 차별되길 원한다면 다음 아이템들을 고려해야 한다. 앞에서도 설명했는데 매장의 향기를 그대로 옮겨놓아 급부상한 브랜드들의 핸드워시, 크림, 손소독제다. 대표 브랜드가 논픽션, 이솝, 탬버린즈, 그랑핸드 등이다. 화장실에 핸드워시가 필수템이 된 요즘 이 브랜드들의 핸드워시를 하나 놓으면 매장의 향기를 그대로 옮겨놓은 기분을 느낄 수 있다. 이 것보다 특이한 선물을 주고 싶다면 누르지 않아도 손을 씻을 수 있는 자동 디스펜서나 누르면 곰돌이 모양으로 핸드워시가 나오는 생곰이 핸드워시 세트도 좋은 선택이다. 이외에도 향기와 관련된 제품인 캔들과 룸스프레이 등도 집들이 선물로 추천한다.

『수능특강』 꾸미기는 연중행사가 됐다

"바쁘다 바빠 현대 사회"라는 말이 찰떡같이 붙을 수 있게 이제는 연중행사라고 하면 여름휴가, 겨울 휴가, 명절 정도로 끝나지 않는다. 이때 아니면 할 수 없는, 꼭 챙기고 넘어가야 하는 행사들이 있다. 11월에 있는 수능을 보통 연중행사라고 한다. 『수능특강』이 나오는 시즌을 연중행사라고 하지는 않을 것이다.

하지만 이제는 『수능특강』이 나오는 3월도 연중행사가 됐다. 이 기간이면 한국의 예비 고3이 꼭 해야 하는 일이 있기 때문이다. 바로 내년 수능을 준비하는 것이다. "아직 올해 수능도 안 끝났는데 벌써?"라고 할 수 있지만 EBS에서 하는 가장 중요한 『수능특강』 표지를 뽑는 투표에는 꼭 참여해야 한다. 문제집 내용이 더 중요하다고 생각한다면 그 사람은 이미 트렌드에서 몇 발짝 멀어졌다고 볼 수 있다.

요즘 애들은 별걸 다 꾸민다고 이야기했는데 『수능특강』도 꾸민다. 다들 학교 다닐 때 교과서 제목을 다른 이름으로 바꾸는 장난은 해봤을 것이다. 그런데 요즘 Z세대는 그걸 넘어 『수능특강』을 좋아하는 배우나 캐릭터 사진으로 넣어서 꾸민다. 이걸 야무지게 꾸미려면 사진을 넣을 공간이 필요하니 큼지막하게 구명을 뚫을 공간이 있어야 한다. 그래서 투표할 때 창문, 문 등 구명을 뚫을 수 있는 그림이나 사진이 인쇄된 표지를 선호한다. 투표에 참여하고 결과가 나오면 올해 『수능특강』은 대충 이렇게 꾸밀 수 있겠다는 각이 나온다. 심지어 『수능특강』 크기로 사진을 출력해주는 업체도 있다.

그만큼 Z세대는 『수능특강』 꾸미기에 진심이다. 『수능특강』을 최애 사진으로 꾸며서 공부할 맛이 나기 때문이다. 사실 별거 아닌 행사라고 생각할 수 있다. 하지만 이런 새로운 연중행사를 만들 때 가장 중요한 것은 꾸준함이다. 이맘때가 되면 이 행사가 돌아온다는 것을 사람들에게 인지시켜야 연중행사로서 자리를 잡을 수 있기 때문이다. 5월에서 9월 사이에 페스티벌 시즌이 온다는 것과 어떤 행사가 몇 월에 한다는 것은 우리가 모두 알고 있다. 이렇게 꾸준함을 가지고 없던 행사를 하고 상품을 출시해서 사람들을 기다리게 만들 수 있다.

어드밴트 캘린더를 직접 만들어 교환한다

11월이 되면 내년을 준비하기 위한 다양한 마케팅 일정과 다이어리 등이 나온다. 목표를 지금부터 세워야 2023년 1월 정도는 야무지게 보낼 수 있기 때문이다. 내년을 준비하면서 큰 이벤트 중 하나인 크리스마스도 그냥 넘어갈 수 없다. 10월 말부터 유튜브에서 크리스마스 플레이리스트를 만드는 유튜버들을 볼 수 있다. Z세대는 산타가 없다는 건 알지만 그 누구보다 크리스마스를 야무지게 보낼 준비를 한다. 각종 모임을 즐기고 크리스마스가 되면 인증샷을 찍을 수 있는 건물 앞에 줄을 선다.

2년 전부터 인스타그램에 하나둘 보이기 시작한 어드벤트 캘린더는 종류가 다양하다. 명품 브랜드들이 이벤트성으로 제작한 것이 처음 시작이었지만 Z세대는 젤리나 초콜릿 브랜드에서 제작한 어드벤트 캘린더가 훨씬 익숙할 것이다. 필자도 작년 크리스마스에 해외직구로 여러 개를 구매해 지인들에게 선물했다. 어드벤트 캘린더는 보통 24개 칸으로 구성돼 있다. 12월 1일부터 크리스마스까지 하나하나 오픈해 안에 들어 있는 초콜릿이나 화장품 등을 꺼내게 돼 있다. 보통 하나하나 나올 때마다 인스타그램 스토리에 올린다. 먼저 오픈한 사람에게 스포일러를 당할 수 있으니 주의해야 한다.

최근 SNS에서는 어드벤트 캘린더를 직접 만들어 교환하는 Z세대도 찾아볼 수 있다. 캘린더 안에 24개 선물은 각자가 원하는 걸 넣고 교환하면 된다. 만드는 방법도 쉽게 찾아볼 수 있으니 시간이 난다면 직접 제작해보는 것도 추천한다. 어드벤트 캘린더라는 말이 아직 익숙하지 않은 사람도 있지만 약 2년 동안 꾸준히 유행했다. 이제는 제법 많은 사람에게 익숙해져서 과자, 젤리, 화장품 외 다른 브랜드도 등장하게 되지 않을까 싶다. 한정판으로 판매하는 것도 좋아 보인다. 주얼리 브랜드에서는 트리를 꾸밀 수 있는 장식품을 넣어 판매하기도 한다. 마케팅하는 브랜드가 고가이거나 Z세대에게 친숙하지 않다면 브랜드 콘셉트를 살리면서도 시즌에 필요한 제품을 넣어 제작하는 것이 오히려 더 유리할 수도 있다.

시즌그리팅은 원래 연말연시에 하는 인사말을 말하는데 국내에서는 연말연시에 발매하는 아이돌 가수의 굿즈로 구성된 선물 세트를 뜻한다. 아이돌을 좋아하지 않는 사람에게는 익숙하지 않을 것이다. 보통 11월 말쯤부터 예약 판매를 한다. 매년 콘셉트와 굿즈가 다르다 보니 한 아이돌을 좋아한다면 한 번만 구매하는 게 아니라 매년 구매하게 된다. 주로 아이돌 가수 위주로 판매되지만 배우의 시즌그리팅을 내놓는 소속사도 있다. 시즌그리팅을 판매할 때 콘셉트에 맞는 영상도 함께 업로드되는데 팬들은 그 영상을 통해 올해의 콘셉트를 확인하고 구매를 결정한다. 다이어리, 응원용 봉, 사진, 달력 등 다양한 굿즈가 들어 있으며 아이돌마다 구성이 다르다.

2021년에는 BTS(방탄소년단)가 복고 콘셉트로 제작해 화제가 됐고 NCT127은 2022년 피자 모양 패키지를 제작해 예쁘고 기획이 좋다는 평가를 받았다. 시즌그리팅은 팬들만 관심 있는 게 아니라 타 팬들도 관심을 가진다. 다른 아이돌은 어떤 구성인지, 누구 콘셉트가 제일 좋은지 궁금해하기 때문이다. 항상 커뮤니티에서 가격과 콘셉트 등 여러 가지가 이슈가 된다. 꼭 아이돌이 아니라도 펭수와 같은 인기 있는 캐릭터도 시즌그리팅을 제작했다. 오히려 아이돌 문화에서 확장이 될 때 커뮤니티나 SNS에서 더 화제가 되는 걸 볼 수 있다.

제품 외에도 그 시즌에만 먹을 수 있는 제철 음식을 대하는 Z세대의 자세도 있다. Z세대가 제철 음식을 먹겠는가 싶겠지만 절대 그렇지 않다. 유행에 민감한 Z세대는 딱 그 시기에만 유행하는 것에도 반응한다. 제일 먼저 제철 음식의 시작이자 지금까지도 유행하는 것이 딸기 뷔페다. 딸기 뷔페는 딸기 철에만 갈 수 있을 뿐만 아니라 호텔마다 뷔페의 구성이 달라서 성지순례를 가는 것처럼 여러 곳을 가기도 한다. 가격대가 평균 7만~8만 원 정도로 낮은 가격은 아니지만 그때가 아니면 먹을 수 없다는 점 때문에 이용하는 사람이 많다. 나중에는 애프터눈티 세트 등까지 유행하게 되면서 호텔 로비에 있는 카페를 Z세대 고객들이 찾는 경우가 많아졌다. 특히 여름철이 되면 호텔에 약 8만~10만 원 정도 하는 망고 빙수를 먹기 위해서 방문하는 고객들이 많아 웨이팅을 하고 기다려야 할 정도다.

호불호가 좀 갈리는 상품이기는 하지만 제철에 굴을 꼭 먹어야 한다는 Z세대도 많다. 굴이 제철인 시즌에는 오이스터 바에 가는 Z세대가 많은데 강남과 청담 쪽에 '펄쉘'이라는 가게가 유명하다. 물론 노량진에 가서 방어를 먹는 것도 겨울철에 빠질 수 없는 필수 코스다. 올겨울 첫 방어를 먹고 인증을 하기도 한다. 제철 음식을 먹는 문화는 점점 사라져가는 게 아니라 Z세대식으로 풀이와 해석이 달라지고 있다.

앨범깡
: 덕질이 삶의 활력소가 된다

'앨범깡' '오프깡'을 하고 포카를 꾸민다

퇴근하면 트위터를 켜거나 유튜브로 최애를 보면서 '안유진이 나라다.' '장원영 내가 낳을걸.' 등의 생각을 하고는 한다. 덕질만큼 삶의 활력을 주는 것이 없다. 덕질 안 하는 사람들은 과연 무슨 재미로 살지 싶다. 덕질을 하면 뭐 하냐고 생각할 수 있어서 덕질은 어떻게 하는 건지 간략하게 설명해보고자 한다. '깡'이라는 단어를 듣고 비를 생각한다면 트렌드에서 한 발짝 멀어졌다는 것을 인정해야 한다. '앨범깡'은 쉽게 말해 앨범을 개봉한다는 뜻이다. 앨범깡을 이렇게 듣고도 잘 모르겠다면 앨범깡 브이로그를 보면 쉽게 이해할 수 있다.

이들 영상의 공통점은 배속 목소리와 손톱으로 앨범을 톡톡 치는 제스처 등이다. 이 정도면 덕질 명예 상품으로 등극해야 하는 다이소

당근 칼도 등장한다. '앨범을 열면 여는 거지 왜 이렇게 영상까지 찍는 거지?'라고 할 수 있다. 하지만 앨범깡을 할 때 중요한 포인트는 앨범에 있는 포카(포토카드)다. 포카는 1~3장까지 앨범마다 다르게 들어가 있다. 멤버별로 종류가 다양하다. 최애 포카가 나왔는지, 아니면 교환해야 하는지 반드시 확인해야 한다. 앨범깡 영상만 순서대로 따라가도 Z세대가 덕질하는 방법을 알 수 있다.

앨범깡 유튜브 브이로그를 자세히 보면 오프깡이라는 말이 나온다. 오프깡은 말 그대로 '오프라인+깡'으로 오프라인에서 앨범을 사 앨범깡을 하는 걸 말한다. 필자의 회사는 서울 종로구 광화문에 있는데 가끔 알 수 없는 줄이 엄청나게 늘어설 때가 있다. 교보문고 핫트랙스로 이어지는 줄이다. 줄을 서서 산 앨범을 현장에서 언박싱하는 게 오프깡이다. 오프깡을 하는 이유는 원하는 포카가 잘 나오는 장소가 따로 있어서라고 한다. SNS 오프깡 후기를 보면 "괜히 광화문 광화문 하는 게 아니다."라는 말을 쉽게 볼 수 있다. 할 수 있는 방식을 총동원해 최애 포카를 뽑았다면 절대 다치게 할 수도, 그냥 대충 보관할 수도 없다.

보관법도 다양한데 일단 포토카드 바인더를 사야 한다. 직장인이 쓰는 파일철(바인더)을 포토카드 크기로 만든 것으로 모양이 다양하고 캐릭터 상품도 나와 있다. 바인더에 담아 정리하거나 톱로더라고 해서 위쪽 입구로 사진이나 카드를 넣어 보관할 수 있는 PVC 재질의 보관함에 넣는 방식도 있다. 톱로더 꾸미기를 '탑꾸'라고 한다. 포털 사이트에서 탑꾸를 검색하면 엄청난 양의 스티커와 글라스데코 제품이 나온다. 이런 작은 소품들을 사서 투명한 톱로더를 하나하나 꾸미는 것이다. 톱로더를 꾸밀 때도 포카와 잘 어울리는 색이나 분위기의 제품을 사야 최애의 잘생김, 귀여움, 예쁨을 담을 수 있다.

 탑꾸 영상을 보다 보면 진짜 세상에 금손이 엄청나게 많다는 걸 절감하게 된다. 교환하거나 양도하고 싶은 포카라도 그냥 택배 또는 우편으로 '틱' 보내는 것이 아니다. 공식 포카 양도 영상에 나오는 수많은 소품은 모두 교환을 위해 필요한 것들이다. 포카를 교환하고 싶다면 가장 먼저 상처가 나지 않도록 투명 바인더에 넣고 포카와 제일 잘 어울리는 색의 포스트잇을 붙인다. 포그트잇은 나중에 포카가 들어 있다는 사실을 모르고 포장을 뜯다 손상되는 것을 방지하기 위함이다. 이제 플라스틱 재질의 보호지에 포장한 포카를 넣는다. 예쁜 다이어리를 구매해 속지 한 장 한 장을 포장지로 쓸 정도로 포장에도 진심이다. 예쁜 종이에 포장된 포카를 넣고 다섯 번 넘게 포장한다고 생각하면 된다.

 받는 사람은 포카 하나를 받는 게 아니라 또 다른 선물을 받는 느낌이 들 수 있다. 수정테이프처럼 생긴 테이프 형태의 풀이나 하트 모양의 에어캡도 포카 교환을 즐기는 이들에게는 잇템이다. 틱톡에서 포카 교환을 위해 포장하는 쇼츠 영상도 많이 올라와 있다. 금손들의 제작을 계속해서 보다 보면 진짜 시간 가는 줄 모른다. 도대체 어디서 저렇게 많은 스티커와 꾸미기 제품을 구매했는지 알 수도 없다.

 이 꾸민 포카들을 도대체 어디에 쓰는 걸까 싶겠지만 간단하다. 선거철이 되면 어김없이 수많은 투표 인증샷이 올라온다. 올해 인증샷

가운데 신기했던 건 탑꾸한 포카를 들고 투표소에 가서 투표 도장을 찍어온 것들이었다. Z세대는 맛집에 가서도 각자가 좋아하는 최애 포카를 꺼내두고 음식 앞에서 단체로 인증샷을 남긴다. 덕후인 친구들이 모인다면 자연스럽게 찍게 된다. 트위터뿐만 아니라 이제는 인스타그램 피드나 스토리에서도 어렵지 않게 볼 수 있다. 최근에는 이런 덕후의 마음을 저격이라도 하듯 최애 포카를 들고 가면 그 포카 분위기에 맞는 칵테일을 만들어주는 가게까지 생겨났다.

요즘은 이런 포카 유행에 편승하는 것처럼 브랜드들도 자신들의 모델을 가지고 포카를 많이 제작한다. 포카를 직접 인쇄소에 가서 제작하면 되는 거 아닌가 싶겠지만 팬들에게 정품 포카는 굉장히 중요하다. 오죽하면 이걸 구별하는 방법까지 있다.

아이돌을 캐릭터화한 솜 인형을 사고 꾸민다

아이돌 덕질을 하는 Z세대라면 '솜 인형'이라는 단어를 들었을 때 바로 떠오르는 인형이 있을 것이다. 직접 사본 적은 없어도 누군가 들고 다니거나 SNS에 돌아다니는 사진으로 봤을 것이기 때문이다. 트위터와 굿즈숍 등에서 판매되는 이 솜 인형은 아이돌을 캐릭터화해 만들었다는 것이 특징이다. 좋아하는 아이돌 그룹의 멤버 수만큼 솜 인형을 구매해 벚꽃 구경 등 나들이에 동반하는 팬이 많다. 다만 이 솜 인형은 공장에서 제작되기 때문에 다른 팬이 가진 인형과 똑같이 생겼다는 단점이 있다.

옷을 사거나 만들어 입혀 차별화할 순 있지만 모든 팬이 금손은 아니기에 아쉬움이 남는 대목이다. 트위터 솜뭉실은 남다른 솜 인형을 갖고 싶어 하는 사람들을 위해 생겨났다. 이름처럼 인형 미용을 중개하는 계정으로 진짜 미용실 중개 플랫폼처럼 운영된다. 인형 미용을 담당해줄 디자이너의 경력을 확인할 수 있다는 점 등이 그렇다. 솜뭉실은 매달 첫째, 셋째 주 월요일 오후 10시 네이버 폼으로 선착순 10명만 예약을 받는다. 인형 모양과 크기에 따라 비용이 다르게 책정되며 스타일도 각양각색이다. 인형을 위한 경락 마사지도 추가할 수 있다.

'인형에 뭘 이렇게까지?'라고 생각할 수 있지만 솜뭉실에 올라온 인형의 미용 비포와 애프터 사진을 보면 사람들이 왜 이곳에 인형을 맡기는지 단박에 이해된다. 특히 인형들의 털 정리를 많이 맡기고 있다. 마치 사람이 미용실에 갔다 온 듯 털이 차분해진 인형은 주인의 손에 다시 돌아갈 수 있다. 트로트 열풍이 불고 5060세대가 덕질을 시작하며 스밍(스트리밍) 서비스를 알려주는 직업이 생긴 것처럼 덕질이 이렇게 금손들에게 새로운 직업까지 만들어주고 있다.

가끔 SNS에서 웃긴 짤을 보면 출처가 '위버스' '버블'이라고 쓰여 있다. 얼마 전 SM 슈퍼주니어 은혁이 팬들에게 '애기야'라고 메시지를 보냈는데 팬이 답장으로 '웩'이라고 보내서 이슈가 된 적이 있다. 은혁은 지금도 이 팬을 열심히 찾고 있다. 버블과 위버스는 아이돌과 대화할 수 있는 구독 서비스다. 간단히 설명하면 아이돌은 자신에게 오는 수많은 메시지 중에 하나를 답장하는 거고 팬들은 공통으로 그 메시지를 받고 답을 해서 대화를 이어나가는 것이다.

위버스의 경우 최애가 SNS를 하는 것처럼 그곳에만 사진을 올리면 팬들이 댓글을 달 수 있는 커뮤니티 기능이 있다. 버블은 유료 구독을 하면 최애와 메시지를 주고받을 수 있는데 아이돌이 자신의 일상을 공유하고 메시지도 보내준다. '덕심'이 충만한 이로서는 절대 참을 수 없다. 배우 이동욱이 프메(프라이빗 메시지) 서비스를 시작했다. 일단 프메를 시작했다는 것 자체로 팬들이 난리가 났다. 프메를 상상 이상으로 잘해 계속해서 SNS상에서 언급되고 있다.

여기서 프메는 아티스트와 팬이 소통하는 앱을 말한다. 한 달에 약 일정 금액을 지급하면 원하는 아티스트와 소통할 수 있다. 원래는 아이돌이 주로 하던 것이라서 이동욱이 한다는 말에 다들 신기해했다. 너무 정성스럽게 자주 들어와 팬들에게 프메의 정석이라는 평가를 받고 있다. 이동욱이 프메에서 자신을 항상 아저씨라고 표현해 그것조차 웃긴다며 이슈가 됐다. 이동욱의 프메가 유명한 이유는 답변을 진짜 웃기게 잘하기 때문이다. 과제를 같이 하자고 하면 혼자 하라고 한다든가, 프메가 유료 서비스라 더 열심히 한다는 솔직한 답변을 주고받아서 인기다. 당분간은 SNS에서 이동욱의 프메 캡처 짤이 계속 보일 것 같다.

덕질에 한번 빠지게 되면 진짜 할 수 있는 일이 무궁무진하다. 사실 이건 아이돌, 배우, 가수 등 연예인에 관련된 덕질이지만 애니메이션 덕질, 운동선수 덕질 등 그 대상은 여러 가지다. 위에 나온 것들만 차례로 구매하고 있어도 인생이 심심한지 모를 것이다.

라이프스타일 5

침대에서 쇼핑하고
경험소비를 한다

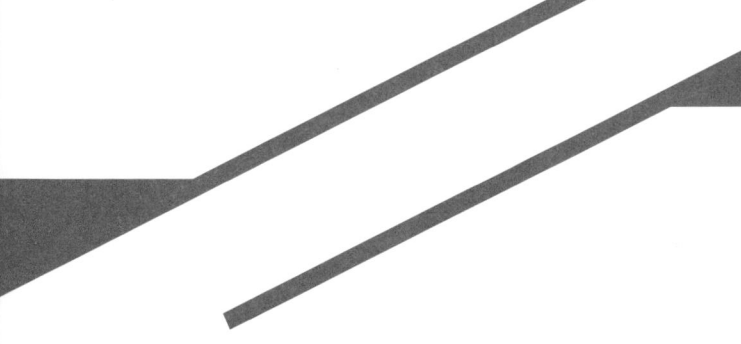

거지방
: 돈이 없다고 불행해하지 않는다

결제의 설렘을 심박동수로 알려주기도 한다

돈은 없다. 그냥 없다. 항상 없다.

필자는 돈을 쓴 적도 없는데 도대체 누가 나랑 카드를 같이 쓰고 있는 게 아닐지 싶을 정도로 지출이 심하다. 첫 직장에 들어갔을 때 선배가 제일 먼저 신용카드를 만들라고 했다. 그래야 회사를 오래 다닐 수 있다고 했다. 그 선배랑 지금 신용카드 때문에 원수지간이다. 소비 패턴을 알아보기 위해 뱅크샐러드를 다운받았는데 우선 소비보다는 유전자 키트에 더 눈길이 갔다. 그냥 소비가 궁금하지 않아도 내 유전자가 궁금해서 그 앱을 쓰게 되는 것이다. 암튼 그건 둘째 치고 소비 패턴은 여전히 엉망진창이다. 뱅크샐러드 말고 돈을 쓰지 않게 하는 방법이나 저축하게 하는 방법에 대해 고민해 보았다.

먼저 카드사들에서는 카드를 긁을 때 다양한 방법으로 지출을 격려하기도 하고 말리기도 한다. 카드 중에 가장 힙한 브랜드를 고르라고 하면 10명 중 10명은 현대카드를 선택할 것이다. 만약 누군가 다른 카드를 고른다면 그 사람의 트렌디함은 좀 의심해볼 필요가 있다. 현대카드 하면 애플페이를 가장 먼저 도입해서 힙하다고 생각할 수도 있고 슈퍼콘과 현대카드 뮤직 라이브러리 등 때문에 그렇게 생각할 수도 있다. 하지만 지식재산권$_{IP}$ 콜라보나 마케팅 방안을 보면 왜 진짜 힙한지 알 수 있다.

현대카드로 결제한 뒤 애플워치에서 알람이 울려 확인해보니 결제 심박수를 알려준다고 했다. 결제할 때 설렘을 심박수로 보여준다는데 너무 웃겨서 기절하는 줄 알았다. 사실 필자처럼 어이없다고 생각하거나 '이걸 왜?'라고 여기는 사람이 많을 것이다. 하지만 일단 결제의 설렘으로 광고해 카드 프로모션을 진행하는 발상이 놀라웠다. 카드로 결제하면 보통 결제 알람이 오거나 뱅크샐러드 앱에서 이번 주 지출을 확인해줘 지난주의 나를 원망하게 하는 알람밖에 없었다.

그런데 현대카드는 내 소비에 공감해주는 것만 같아 기분이 좋았다. 매달 심박수가 가장 높았던 결제 3건을 비교해 보여준다니! 과연 이 기분이 결제의 설렘에서 비롯되었는지 '저걸 어떻게 하지?'라는 긴장감에서 비롯되었는지는 모르겠다. 하지만 그 나름 소비의 즐거움을 인식하게 해주는 새로운 발상이라는 생각이 든다.

이렇게 소비를 격려하는 마케팅이 있는가 하면 소비를 말리는 방법도 있다. 광희가 KBS의 토크쇼 프로그램 「안녕하세요」에 나와서 본인의 스케줄을 이야기하는 짤이 있다. 그때 광희 표정이 너무 리얼해서 화제가 됐다. 카드회사 번호를 광희의 짤과 함께 연락처에 저장하는 게 유행이었던 적이 있다. '얘 또 돈 썼다.'라는 카드회사 번호 이름에 우스꽝스러운 표정의 광희 짤을 저장해두면 카드 사용 알림이 울릴 때마다 과소비에 대한 경각심을 가질 수 있다는 이유에서였다.

필자가 대학생이었을 때니 못 해도 5년 정도는 지난 유행이다. 그런데 최근 현대카드가 당시 유행에서 착안한 것 같은 콘텐츠를 만들어 주목받고 있다. 사용자가 현대카드의 회당 이용 금액을 1만 원, 5만 원 등으로 설정해두면 초과 지출할 때마다 메시지가 울린다. 어떤 짤과 멘트를 받아볼지는 각자 고를 수 있다. 트위터에 '현대카드 잔소리'라고 검색하면 사람들이 실제 사용 중인 다양한 짤을 구경할 수 있다. 개인적으로 가장 웃겼던 건 드라마「추노」의 배우 장혁 짤과 함께 '거지왕초이재용이 될 상이다.'라는 멘트를 설정해둔 사람이다. 이를 보면서 '한국인의 해학은 그리고 재미를 향한 Z세대의 진심은 과연 어디까지인가?'라고 생각했다.

거지방을 통해 소비 습관을 함께 관리하기도 한다

Z세대에게 적금은 사실 부담스럽다. 3년 전 출시된 '청년희망적금'은 '청년거지적금'이라고 할 정도로 부담스러워하는 Z세대가 많았다. 일단 이자율이 높아서 들기는 하지만 그걸 들고 나서 오히려 거지가

되었다는 반응이다. 사실 카카오뱅크가 Z세대를 위한 적금이 잘 되어 있다고 생각하는데 본인이 쓴 돈에 100원짜리 단위를 강제로 저금시키는 저금통이라든지, 주별로 금액을 늘려서 적금을 들게 한다든지 여러 가지가 기능이 있다.

최근에 최애 적금이라는 게 생겼는데 마치 부모님이 애들 이름으로 적금을 넣는 것처럼 최애를 사랑하는 만큼 의미 있는 순간에 적금을 드는 것이다. 방법도 참신한데 모으기 규칙을 만들 수 있다. 예를 들어 셀카를 올렸을 때 얼마, 라이브를 할 때 얼마와 같이 조건을 최대 50만 원씩 20개까지 만들 수 있다. 이런 조건으로 저금하면 최애를 위한다는 마음으로 열심히 적금을 들 수 있을 것이다.

여기까지가 은행에서 출시된 상품이라면 앞으로 만들어야 하는 적금이 있다. SNS나 커뮤니티에서 종종 자발적으로 '살인 적금'을 드는 사람들을 볼 수 있다. 네이밍이 너무 세서 당황스러울 수 있다. 화가 나는 일이 있을 때마다 4단위로 적금을 드는 것이다. 일상과 회사 생활에서 화가 나는 경우가 많은데 그 정도에 따라 444원이 될 수도 있고 44,444원이 될 수도 있다. 농담 삼아 살인하기 위해 모으는 적금이라고 했다. 하지만 이걸 잘 참은 자신에게 스스로 보상하기 위해 사용하는 것이 대부분이다. 주변에 모으는 사람들이 있는데 금액이 꽤 많다고 한다. 그 분노를 돈으로 모아서 한방에 쓸 수 있다면 스트레스를 푸는 데 또 다른 방법이 될 수도 있을 것으로 생각한다.

생각해보면 가장 큰 문제는 이런 적금이나 문자 없이 혼자 저축하는 것이 생각보다 어렵다는 것이다. 오죽하면 과거 미라클 모닝이 유행할 때 그걸 인증하는 프로그램이 있었겠는가. 이런 의지박약을 위해 만들어진 것이 있는데 바로 '거지방'이다. 이름만 들으면 생소할 수 있지만 2021~2022년 KBS 조이 프로그램 「국민 영수증」을 떠올리면 된다. 이 프로그램이 방영될 때 단톡을 만들어 소비하기 전과 후에 돈을 쓰는 게 맞는지 아닌지를 확인하는 것이 유행처럼 번졌다. 그게 거지방으로 다시 유행하고 있다.

카카오톡 오픈채팅방을 통해 들어갈 수 있는 거지방은 그 수가 500개가 넘는다. 각 거지방에선 하루 혹은 한 달 단위로 지출 계획을 세우는 등 저마다 기준이 있다. 방에서 지출을 평가받는 사진들이 SNS에 퍼지고 있다. 스타벅스 음료를 마셨다거나 붙임머리를 해 혼나는 사례가 웃음을 자아낸다. 돈을 가장 많이 쓴 사람은 '거지왕'이 된다. 닉네임도 거지왕으로 바꾸고 자필로 사과문을 작성해 방에 업로드해야 한다. 거지방에선 여럿이 모여 소비를 검사받음으로써 절약 습관을 기를 수 있을 뿐만 아니라 '나만 돈을 못 모으는 게 아니구나.'라는 위로까지 얻을 수 있다. 내가 통제하지 못하는 내 소비 습관을 수많은 사람이 관리해주는 느낌이다.

Z세대 하면 당연히 돈을 많이 쓴다고 생각할 수 있다. 하지만 이들은 무지출 챌린지를 한다거나 에브리타임이나 당근마켓 같은 서비스를 이용해 같은 시간대에 같은 메뉴를 시킬 사람을 모아 배달비를 나눈다. 이들은 낭비하기보다는 쓰고 싶은 곳에 돈을 쓰는 것이다.

쿠팡과 넷플릭스
: 배달과 구독으로 모든 것을 해결한다

침대에 누워서 11시 전에 주문한다

가장 돈을 많이 쓰는 곳이 어딜까?

무조건 침대 위다. 누워 있다고 상상을 해보면 일단 인터넷 쇼핑을 할 수 있다. 할 일 없이 인스타그램을 쓱쓱 넘기다 보면 갖고 싶은 게 생긴다. 유튜브를 보다가도 뭔가 저 유튜버가 쓰고 있는 제품이 편해 보이고 입고 있는 옷이 예뻐 보인다. 인터넷으로 못 하는 게 없는 세상이다. 그냥 페이 결제 몇 번이면 원하는 걸 다 살 수 있다. 옛날 같으면 가장 먼저 최저가를 고민했겠지만 이제는 쿠팡이 있어 이게 쿠팡에 있는지 없는지, 내일 당장 받을 수 있는지 없는지만 확인한다.

이제 배달을 하루 이상 기다리기 힘들어졌다. 당장 오늘에만 주문하면 내일 아침에 눈뜨자마자 음식을 받을 수 있고, 어제 장바구니에 담았던 옷들도 하루 배송이라는 마크만 있다면 퇴근 후 집에 오면 받을 수 있다. 누가 지금 구독하는 기능 중 딱 하나만 선택해야 한다면 뭘 할 거냐고 묻는다면 진짜 고민 없이 쿠팡을 선택할 정도로 하루 배송은 일상에서 중요해졌다.

사기 아깝고 챙기기 귀찮은 것은 구독해버린다

배달말고도 구독으로 해결하는 것들이 많은데 통장 내역을 보면 적은 돈인 것 같지만 비중이 큰 게 바로 구독 서비스다. 절대로 방금 앱스토어에서 구독 내역을 보다가 열받아서 쓰는 게 아니다. '구독 경제'라는 말이 생겼을 정도로 OTT(온라인 동영상 서비스) 플랫폼만이 아니라 아침밥, 속옷, 영양제까지 일상이 곧 구독이 되고 있다. 내 돈 주고 사기에 아깝고 챙기기 귀찮은 것은 모두 구독에 맡겨버리는 일상을 볼 수 있다. OTT 구독은 정말 많은 사람이 하고 있고 안 하는 사람을 찾는 게 오히려 어려울 정도다.

예전에는 음악 플랫폼 스트리밍이나 다운로드 구독이 필수였다면 지금은 OTT 구독이 필수다. 필자는 현재 유튜브, 애플티비플러스, 티빙, 쿠팡플레이, 웨이브, 라프텔, 넷플릭스, 디즈니플러스 8개를 구독 중이다. 솔직히 너무 많다. 매달 5만 원은 족히 된다. 새로운 OTT 플랫폼은 늘어나는데 구독료가 만만치 않자 조금 아껴보려고 많은 이가 '구독팟(구독+파티원)'을 찾는다. 함께 구독할 사람을 구하는 것이다.

디즈니플러스가 국내에 처음 들어왔을 때도 인스타그램 스토리에서 많은 사람이 구독팟을 구했다. 친하지 않은 사람끼리도 구독팟이 될 수 있다. 특히 직장에서 구독팟을 구하는 사람이 점점 늘고 있다.

필자는 티빙의 경우 얼굴도 잘 모르는 친구의 친구와 함께 구독하고 있고, 디즈니플러스는 인스타스토리에서 "한 자리 구한다."라고 해 슬쩍 들어갔다. Z세대에게 구독 서비스는 꼭 친구하고만 해야 하는 것이 아니다. 오픈카톡방에서도 구하고 SNS에서도 구해 자리만 채울 수 있으면 된다. 구독팟은 정해진 날 돈만 보내주면 되기 때문에 친분이 없어도 누가 들어오든 상관없다. 구독할 것은 많고 구독을 안 하자니 콘텐츠를 못 봐 절대 끊을 수 없다. 특히 Z세대는 저작권 등 재산권에 민감하여서 불법 다운로드는 상상할 수 없다. 구독비를 아낄 수 있다면 광고를 보는 게 가능하다고 생각한다. 이러한 성향 때문인지 최근 넷플릭스도 구독비를 내리는 대신 광고를 도입했다. 이런 것만 봐도 쓸 땐 쓰지만 소소하게 나가는 비용은 아까워하는 세대임이 확실하다.

익숙한 구독도 있지만 기존에 없다가 새로 생겨서 신기하다는 반응이 나오는 구독들도 있다. 필자가 추가로 구독하는 서비스 중 가장 유용한 것은 세탁 서비스 앱 '런드리고'다. 런드리고는 사용자에게 이동이 가능한 옷장을 제공한다. 그 안에 세탁할 옷을 넣고 현관문 앞에 두면 업체에서 수거해 세탁한 후 집 앞에 다시 가져다 둔다. 셔츠같이 드라이클리닝이 필요한 옷이 많다면 유용하게 쓸 수 있는 서비스다. 이불 빨래, 생활 빨래 등 다양한 구독 서비스를 선택할 수 있다.

청소를 해주는 '호텔리어'라는 구독 서비스도 있다. 3만 원을 내면 몇 주에 한 번 화장실 청소만 맡길 수도 있다. 사실 집 전체를 구독하는 건 가격적으로 부담되지만 내가 아무리 청소해도 깨끗해지지 않는 화장실만 청소해준다니 한 달에 한 번씩 정기적으로 이용하고 있다. 필자는 쓰지 않지만 집 앞에 쓰레기를 내놓으면 분리수거를 해서 버려주는 구독 서비스도 등장했다. 이걸 보면 '진짜 게으르다.'라고 생각할 수 있지만 구독이 그만큼 익숙한 서비스가 됐다는 걸 알 수 있다.

Z세대의 소비 패턴 중 큰 비중을 차지하는 것이 구독 서비스이고 구독 서비스만 있으면 일상생활의 모든 것을 유지할 수 있을 정도다. 만약 이 모든 서비스를 묶은 패키지 상품이 저렴한 가격에 등장한다면 구독하는 사람들이 더 많아지리라 생각한다. 주기적으로 전통주를 배달해주는 서비스도 있다. 현재는 전통주만 가능한데 그 외 주류도 법적 부분이 해결되면 훨씬 더 커지지 않을까 싶다.

집에서의 일상부터 이동 수단, 밥 먹을 때 보는 콘텐츠, 일할 때 쓰는 워크툴도 모두 구독으로 이루어지고 있다. 이렇게 모든 걸 구독 서비스가 해결해주면 내가 한층 더 게을러지는 건 아닐지 가끔 고민될 때도 있다. 하지만 시간의 가성비 측면에서 본다면 이보다 더 좋은 서비스가 있을까 싶다. 단품으로 상품을 구매하는 것보다 구독을 통해 정기적으로 구매하는 것은 신경 쓰지 않고도 내가 원하는 시간에 제품과 서비스를 받아볼 수 있다는 쾌감을 주기도 한다. 당일배송, 구독 서비스 등 손가락만 움직이면 해결되는 모습이 Z세대의 일상은 이전 세대의 일상과는 아주 다르다. Z세대의 간지러운 부분을 찾아 구독으로 긁어주는 서비스는 앞으로 시장에 더 많이 나올 수밖에 없을 것이다.

{ **다꾸**
: 일단 뭐든지 다 꾸민다 }

스타벅스 다이어리 열풍과 함께 시작된 다꾸가 대세다

'다꾸'라는 말은 한 번쯤 들어봤을 것이다. '다이어리 꾸미기'라는 말이다. 다꾸를 하는 사람들은 생각보다 많다. 스타벅스 다이어리 열풍과 동시에 더 인기가 많아진 다꾸는 다이어리 속지까지 직접 제작해 만드는 사람이 많아질 정도로 진심이었다. 다꾸용 스티커와 포스트잇은 물론 이 유행에 발맞춰 아이패드 앱 중 '굿노트'에 맞는 템플릿을 제작하기도 한다.

대학생의 가방 크기가 작아지고 있다. 과거에는 13인치 노트북이 들어갈 정도의 가방을 선호했다면 요즘은 그 크기가 더 줄어드는 추세다. 필통을 갖고 다니는 사람도 거의 없어 이제 누군가 가방에서 필통을 꺼내면 신기하다는 듯 이목이 쏠린다. 아이패드나 갤럭시탭 등으로 강의 내용을 필기하고, 과제 작성부터 제출까지 모든 게 가능하니 공책 또한 휴대할 필요가 없다. 아날로그보다 디지털이 주류가 되면서 '디지털 굿즈'를 신년 기획으로 제작하는 회사도 많아졌다.

SNS를 포함하여 온라인에서 보내는 시간이 많은 Z세대 사이에서는 실물 굿즈와 더불어 디지털 굿즈 역시 인기를 얻고 있기 때문이다. 디지털 굿즈 중에서는 굿노트 앱의 템플릿이 인기다. 주로 필기나 메모용으로 사용되는 굿노트 앱에서 속지처럼 활용할 수 있는 템플릿이 굿즈로 배포되고 있다. 기업들은 자사 캐릭터를 넣은 캘린더, 다이어리 속지 등을 제작해 PDF 파일 형식으로 공유한다. 템플릿이 예쁘면 다운받아서 사용한다. 굿노트 패키지에는 다이어리뿐만 아니라 스티커와 포스트잇도 들어 있어서 사람들이 디지털 다꾸를 할 수 있도록 한다.

이렇게 다꾸를 한 다이어리를 SNS를 통해 공유하기도 하는데 자기만족을 위해 꾸미기를 하는 경우도 많다. 굿노트 템플릿 외에 줌, 카카오톡, 애플워치 배경 화면 등 다양한 디지털 굿즈가 있다. 이 역시 모두 꾸미기용이다. 최근 아이폰 업그레이드 후 '누끼 따기' 기능이 추가되어 이미지 배경 지우기가 가능해지자 '폰꾸'를 안 하던 사람도 폰을 꾸미기 시작했다. 단순히 카카오톡 테마를 바꾸는 수준이 아니라 아이폰에 있는 모든 아이콘을 바꾸는 폰꾸를 한다. 기존 카카오톡 앱이나 인스타그램 앱이 아니라 새로운 템플릿을 사용하는 것이다. 마치 우리가 카카오톡 템플릿을 변경하는 것처럼 휴대폰 배경 화면을 변경한다.

Z세대는 애플의 아이팟 이미지를 활용해 스마트폰의 음악 스트리밍 앱을 꾸며 아이팟으로 음악을 듣는 듯한 느낌을 내기도 한다. 삼성 'Z플립'을 2000년대 유행했던 폴더폰처럼 꾸민 이들도 자주 볼 수 있다. Z플립은 닫으면 카메라가 있는 쪽에 작은 화면이 나온다. 이 화면에 들어갈 이미지로 창문에서 바라보는 짤이나 애니메이션 등을 넣어서 폰꾸를 하기도 한다. 휴대폰 고리에 교통카드를 달고 다니던 옛 감성을 살린 '키링'도 다시 유행 중이다. 디자인마저 작은 튜브에 물과 장식이 담겨 있는 등 Y2K 감성을 그대로 재현했다. 휴대전화는 물론 바지, 헤드폰에까지 이 키링을 걸고 다니는 Z세대를 길거리에서 흔히 볼 수 있다. Y2K 감성이 Z세대의 트렌드와 만나 스마트폰에 녹아들고 있다는 게 확실히 느껴진다.

실물 굿즈에 비해 디지털 굿즈는 제작비용이 저렴하고 배포하기 쉽다는 장점이 있어 기업으로서는 오히려 이득이다. 여기에 잘만 활용하면 Z세대의 트렌드를 읽었다는 브랜드 이미지까지 구축할 수 있어 '젊은 기업'이라면 신년에 한 번쯤 고민해볼 만한 마케팅 방식으로 떠오르고 있다.

본인의 개성을 드러내는 커스텀 꾸미기를 한다

디지털 굿즈와 비슷한 형태로 "진짜 이것까지 꾸민다고?"라는 말이 저절로 나오는 '기프티콘 꾸미기'도 있다. 이걸 '깊꾸'라고 한다. 음성 메시지 기능이 생겼으니 그 정도 추가하는 거 아닐지 생각할 수 있는데 절대 아니다. 기프티콘을 다운받아서 저장할 수 있는 건 모두 알고 있을 것이다. 그 기프티콘에서 바코드 부분만을 제외하고 본인이 직접 그림을 그리거나 스티커 등을 붙여서 꾸민다. 친구들에게 카카오톡 선물하기에서 기존 카드나 목소리를 녹음해서 보내는 기프티콘보다 훨씬 정성 있어 보이는 선물로 전달하려는 것이다. 상사나 어른한테 기프티콘으로 선물을 드리거나 진짜 친한 친구에게 기프티콘으로 선물을 보내면 뭔가 성의 없어 보인다는 느낌을 받을 수 있는데 이것을 보완하기 위함이다.

길을 걷다 보면 헤드폰을 쓰고 다니는 Z세대를 자주 볼 수 있다. 헤드폰은 마니아층이 있어서 이상하지 않지만 최근 들어 쓰는 사람이 더 많아졌다. 필자의 팀 후배들도 헤드폰을 사려고 소니, 애플 등 다양한 브랜드 숍을 돌아다니며 무게를 확인하고 있다. 에어팟을 보고 처음에는 저걸 누가 쓰지 했는데 점점 유행됐다. 헤드폰 역시 최근까지만 해도 약간의 거부감이 있었지만 쓰는 사람이 확 늘어났다. 드라마 「이상한 변호사 우영우」에서 우영우가 헤드폰을 쓴 모습을 보고 따라 산 사람도 있겠지만 그전부터 약간씩 유행을 탔다. 그런데 이번에 애플이 선보인 헤드폰은 음질까지 좋다는 소문이 나면서 주목받고 있다.

체감상 주변에서 4명 중 1명은 "헤드폰 살까?"라고 물어보는 느낌이다. 패션적으로 호불호가 갈려서인지 트위터에서는 에어팟 맥스(헤드폰)를 사는 사람을 말리기 위한 짤도 돈다. 에어팟 맥스 무게가 384

그램이니 비비고 갈비탕 400그램 무게와 비슷하다며 에어팟 맥스를 쓰고 강의를 듣는 것은 비비고 갈비탕을 머리에 이고 강의를 듣는 것과 유사하다는 얘기다. 이렇게 반대하는 사람이 있지만 '헤꾸'라고 헤드폰 꾸미기를 하는 사람도 생겼다. 다양한 스티커를 헤드폰에 붙이거나 키링을 부착해서 꾸민다. 사실 에어팟도 처음 쓸 때만 어색했지 지금은 모두가 쓰지 않나. MZ 세대 사이에서 헤드폰이 힙한 아이템으로 자리 잡는 순간 유행이 되는 건 시간문제일 것이다.

Z세대는 개성과 본인을 드러내는 것을 가장 중요하게 생각한다. 같은 제품을 사용하고 있고 같은 아이돌을 좋아해도 본인만의 아이템이 필요한 것이다. 그래서 연예기획사의 굿즈도 나만의 굿즈 형태로 변모하고 있다. 아이돌 덕질을 하다 보면 어쩔 수 없이 '덕밍아웃'을 할 때가 있다. 같은 아이돌을 좋아하는 사람끼리 굿즈가 겹칠 때 특히 그렇다. 굿즈는 주로 스마트폰이나 에어팟 케이스처럼 팬심을 은근히 드러낼 수 있는 제품으로 제작된다.

하지만 아무리 같은 아이돌 팬이라도 굿즈가 겹치면 싫어하는 경우가 많다. 굿즈 때문에 자신이 누구의 팬인지 알려져 불쾌감을 느끼는 사람도 상당하다. 덕질 자체는 좋지만 일상에서 자신이 누구를 덕질하는지 공개되거나 그것 때문에 주변의 관심을 받고 싶지는 않은 것이다. 그렇다고 자신이 직접 굿즈를 제작하자니 공식 굿즈가 아니라서 다들 망설인다. 이런 문제를 해결하기 위해 커스텀 굿즈가 생겨나고 있다. 일정 범위의 템플릿을 주고 직접 디자인할 수 있도록 하는 것이다. 팬들의 개성도 존중하고 소속감을 느끼게 하는 방법이기 때문이다. 응원용 봉 꾸미기도 마찬가지다. 기존에는 소속사에서 단순히 응원용 봉을 판매했다면 뉴진스의 경우 팬들이 각자 응원용 봉을 꾸밀 수 있도록 제작했다. 응원용 봉과 함께 파츠를 팔아서 팬들이 직접 본인의 스타일로 응원용 봉 커스텀을 할 수 있도록 한 것이다. 이게 유행이 된 듯 타 팬들 사이에서도 너도나도 응원용 봉 꾸미기가 유행처럼 번지고 있다.

Z세대에게 커스텀은 중요한 요소다. 본인의 취향을 직접 반영하여 제작할 수 있고 세상에 단 하나만 있는 본인만의 아이템을 만들 수 있기 때문이다. 이제는 커스텀을 하지 않고 일방적으로 제작하여 배포한다면 화제를 끌 수 없다. 굿즈, 케이크, 향수 등 모든 걸 본인이 커스텀하거나 본인만의 것을 갖기를 원한다. 오죽하면 요즘 향수 뭐 쓰냐고 물어보면 알려주지 않는 경우도 많다. 이건 무례한 것이 아니라 본인만의 커스텀이나 아이덴티티를 헤치지 않기 위해서라고 한다.

이런 커스텀 문화를 반영하듯 마케팅도 많이 변화했다. 예를 들어 심리 테스트도 어찌 보면 커스텀의 한 종류다. Z세대의 성향을 담거나 취향을 반영하여 결과를 만들기도 한다. 최근 반응이 좋았던 영화「바비」마케팅을 소개한다.「바비」공식 포스터에는 수많은 바비가 등장하는데 언어, 대통령, 물리학자 등이다. 즉 이 영화는 바비가 무엇이든 할 수 있다는 걸 말하고자 하는 것이다.「바비」홍보사는 여기서 멈추지 않고 사람들이 온라인에서 자신의 셀카 혹은 연예인 사진을 활용해 포스터를 만들 수 있게 했다. 홈페이지 이름은 'Barbie Selfie Generator'다. 이곳에서는 누구나 영화 주인공 바비가 될 수 있는 셈이다. '누구나 바비가 될 수 있고, 바비는 무엇이든 할 수 있다.'라는 영화 메시지를 잘 담은 마케팅이다.

또 최근 들어 영화관들이 관객들이 가져갈 수 있도록 배치한 종이 포스터를 줄이고 있다. 사실 포스터에 대한 관람객의 니즈는 여전하다. 이런 가운데 직접 만든 포스터 이미지를 SNS 등에서 배포할 수 있게 했으니 마케팅 효과는 덤일 것이다. 자신이 만든 것을 SNS에 공유하기를 즐기는 Z세대 사이에서 이는 가장 빠르고 재밌게 유행을 일으킬 수 있는 길이기 때문이다. 이미 많은 사람의 SNS에서 자신만의 바비 포스터가 보이고 있으니 「바비」 홍보사의 마케팅은 성공했다고 할 수 있다. 이제는 마케팅도 커스텀이다. 사람들의 취향을 반영하여 본인이 직접 만들고 배포할 수 있게끔 유도해야 재밌다는 반응을 얻을 수 있을 것이다.

오운완
: 운동한 기록도 인생샷으로 인증한다

예쁜 인증샷과 인생샷이 나오는 운동을 한다

"살기 위해 운동한다."

많은 직장인이 공감할 것이다. 취업한 기쁨도 잠시 일단 사무실에 앉아 있기가 힘들고 살이 계속 찌고 그러니 그냥 자리에서 일어나 움직이고 싶다는 생각밖에는 안 든다. 최근 "직장인이 되고 운동을 하지 않아 8킬로그램이 쪘다." "무릎에 무리가 가지 않는 운동을 찾아야 한다."라고 말하는 사람이 많다. 특히 Z세대는 자신에게 투자하는 것을 아끼지 않는 세대라 '건강+활동'을 위한 다양한 취미가 더욱더 인기다. 필자는 테니스를 한다. 시작한 지 2년가량 됐는데 갑자기 주변에도 테니스하는 Z세대가 늘어나 놀랐다.

최근 테니스 아카데미 코치에게 시간대를 옮겨달라고 요청했는데 힘들다는 답을 들었다. 테니스하는 사람들이 모인 단톡방에서는 같이 코트를 예약할 사람을 모집하는 경우가 많아졌다. 수많은 패션 브랜드도 테니스복을 내세워 Z세대의 마음을 잡고 있다. 테니스가 Z세대에게 사랑받을 수밖에 없는 운동인 이유는 일단 예쁜 사진을 찍을 수 있기 때문이다. 당장 인스타그램에 테니스를 검색하면 야외 코트에서 테니스복을 입고 찍은 사진은 물론이고 실내에서 테니스공 바구니를 들고 찍은 사진들도 볼 수 있다. 테니스 인스타그램을 따로 만들어놓은 사람도 많을 만큼 모두가 테니스복 패션에 진심이다. 필자는 평소 캐주얼한 복장보다 단정한 정장 스타일을 선호한다. 판매되는 테니스복 종류가 아주 다양해서 내 스타일이 아닌 스타일을 입는 것도 즐겁고 테니스 라켓을 나만의 방식으로 커스텀하는 것도 재밌다고 느꼈다.

얼마 전 실외 테니스 코트를 예약해 코치와 테니스를 했다. 그런데 끝나자마자 코치가 필자에게 공 네 개를 주며 사진을 찍으라고 했다. 대부분 사람이 운동을 마치고 인생샷을 남기고 간다는 것이다. 그만큼 이제 취미로 하는 운동에서도 사진은 빼놓을 수 없는 포인트가 됐다. 테니스만큼 유행하는 운동 가운데 하나가 골프다. 아직 골프는 돈이 많이 드는 운동이라는 인식이 강하지만 주변에 골프를 치는 사람이 점점 늘어나고 있다. 대부분 골프는 늦게 배우면 배울수록 손해라고 한다. 골프가 과거에는 비즈니스를 위한 운동이었다면 이제는 예쁜 사진을 찍고 자신만의 패션을 보여줄 수 있는 운동으로 자리 잡았다.

골프도 테니스처럼 예쁜 인생샷을 건질 수 있는 운동이다. 생각해

보면 예쁜 골프복을 입고 푸른 잔디가 펼쳐진 골프장에서 사진을 찍으니 아무리 똥손이라도 인생샷을 건질 수밖에 없다. 여느 스포츠와 달리 입문하려면 골프채를 세트로 구매해야 하고 옷뿐만 아니라 다양한 커스텀 아이템이 있어 사진 찍기에는 더없이 좋은 운동일 수밖에 없다. 얼마 전 커피 전문점 '할리스'에서 골프공을 커스텀한 굿즈를 판매했다. 워낙 인기가 좋아 2차 이벤트가 진행되기도 했다. 다만 골프는 구매해야 할 것이 많고 차가 있어야 편한 운동이기에 장벽이 전혀 없다고는 할 수 없는 아쉬움이 있다.

코로나19 이후 Z세대 사이에서 인기를 끈 취미 중 하나가 등산이다. 필자도 팬데믹 초반에 산을 너무 자주 타 '산타할머니'라는 별명을 얻었다. Z세대가 등산을 즐기면서 자연스럽게 유행하게 된 레깅스 패션이 잠깐 논란이 되기도 했다. 코로나19가 잠잠해진 요즘에도 한번 등산에 빠진 사람은 꾸준히 산을 오른다. 특히 등산을 즐기는 사람은 장시간 산을 올라야 하는 만큼 등산을 함께할 크루나 소모임 등을 찾는다. '소모임'이라는 앱에서 함께 등산할 사람들을 찾는 경우를 많이 봤다. 방법은 간단하다. 동아리처럼 소모임에 가입하고 매주 가는 등산에 참여할 것인지 아닌지를 밝히면 된다. 또래를 만나 친구가 될 수도 있다. 등산이 유행하면서 자연스럽게 취미를 함께할 사람들이 찾기에 이런 앱들도 자연스럽게 인기를 얻었다. 앱에서 등산 크루만이 아니라 러닝 크루, 독서 크루 등 다양한 모임을 쉽게 찾을 수 있다. SNS에 산에 다녀왔다는 인증샷과 산 정상 등에서 찍은 인생샷을 올릴 수 있다는 점이 Z세대가 산에 반응하는 가장 큰 이유다.

최근엔 사진 외에도 등산했다는 걸 기념으로 남길 수 있는 특이한 사이트가 하나 등장했다. 바로 '니맘을뺏지'다. 해외여행을 가면 그 나라의 특색이 담긴 자석을 사 오는 것처럼 이 사이트에서 자신이 정복한 산의 배지를 구매할 수 있다. 이름하여 '정상회담 배지'다. 배지 디자인은 산에 따라 모두 다르다. 각 산의 정상 표지석을 본뜬 배지에 산의 이름과 높이를 넣은 형태다. 모으는 재미가 있는 것은 물론이고 많은 배지를 가진 사람은 어깨가 으쓱해질 것 같다는 생각이 든다. 이를 벤치마킹해 다른 소모임에서도 인증샷을 대체할 커스텀 배지가 더 많이 제작될 것으로 보인다.

유행을 넘어 각자 좋아하는 취미와 취향을 따른다

취미가 없는 Z세대를 찾는 게 어려울 정도로 각자 취향이 있고 취미생활을 즐기는 것을 당연하게 생각한다. 같은 Z세대여도 좋아하는 플랫폼과 콘텐츠 등이 모두 다르다. 그렇다 보니 기업 마케터는 '이게 진짜 Z세대 사이에서 유행인가?' 'Z세대가 정말 여기에 관심 있을까?'라는 식으로 고민이 크다. 과거엔 한 세대 안에 주가 되는 유행이나 트렌드가 있고 대부분 그것을 따랐다.

하지만 요즘은 각자 좋아하는 것에만 관심이 있다. Z세대 사이에서 유행이라 해도 정작 모르는 Z세대가 더 많다. 정말 신기한 부분이 유행을 넘어 각자 관심사에 따라 좋아하는 것과 알고 있는 지식이 완벽하게 다르다는 점이다. 여기서 지식은 공부를 통해 얻는 내용이 아니라 정보를 말한다. 요즘 인기 있는 아이돌 그룹을 모르는 사람이 많고 이름은 알아도 멤버를 모르는 경우도 허다하다.

사실 이는 Z세대의 특징을 이해한다면 전혀 이상한 일이 아니다. 즉 100만 유튜버라고 누구나 다 알고 있는 것은 아니라는 얘기다. 유튜버의 경우 생각보다 자신이 관심 있는 분야의 유튜버가 아니면 모르는 사람이 정말 많다. 진짜 태어나 처음 들어보는데 구독자가 100만 명이 넘는 경우도 많다.

'회전문을 돈다.'라는 표현은 한 번으로 멈추지 않고 계속해서 그 공연을 다시 본다는 뜻이다. 특히 뮤지컬을 좋아하는 사람들 사이에서 익숙한 말이다. 내가 좋아하는 뮤지컬 배우의 공연을 보고 나서 다른 배우의 공연을 보고, 다시 내가 좋아하는 배우를 보는 식으로 계속 다시 보는 것이다. 회전문을 돌다 보면 부모나 주변 어른들로부터 본 것 또 본다며 잔소리를 듣게 된다. 하지만 좋아하는 것을 절대 놓치고 싶지 않다. 또 세상에 같은 공연은 절대 없다는 게 Z세대의 생각이다.

어느 날은 배우가 어떤 애드리브를 할지, 또는 어떤 다른 의상을 입고 나올지 모르니 하나라도 놓칠 수 없다. 'n차 관람'을 한 콘텐츠 중 n의 숫자가 가장 큰 게 무엇이냐고 주변 Z세대에게 물으면 2022년 개봉작인 「탑건: 매버릭」이라는 답변이 자주 나온다. "OTT가 판치는 세상에서 오프라인 영화관의 필요성을 보여준 영화"라는 평가가 많다. 전작이 오래된 콘텐츠지만 유튜브를 통해 짧게 예습한 뒤 극장에 가면 되기에 무슨 내용인지 스토리 흐름을 따라가기도 어렵지 않다. 2022년 「탑건: 매버릭」이 개봉했을 때 처음에는 '아빠 세대가 젊었을 때 보던 영화'라는 인식이 강했지만 중년보다 Z세대가 더 열광하는 분위기다.

이렇듯 Z세대는 시대를 가리지 않고 좋은 콘텐츠를 발굴하고 찾아보는 능력을 갖추고 있다. 「귀멸의 칼날」의 시작으로 일본 애니메이션 붐도 다시 시작되었다. 이전까지는 일본 애니메이션을 좋아하는 사람들만의 유행이었다면 이제 다수의 사랑을 받게 됐다. 「슬램덩크」도 그 열풍에 한몫했는데 응원 도구까지 가지고 가서 같이 보는 응원상영관이 생겼을 정도였다. OTT 순위를 보더라도 매주 월요일과 수요일에 업로드되는 애니메이션이 꾸준히 상위권을 지키고 있다. 일본 애니메이션 중 「최애의 아이」 역시 최근 이슈가 되었다. 덕후들 마음에 불을 지른 OST와 주인공 아이의 비주얼이 화제가 되어 꾸준히 실시간 트윗을 장식하고 챌린지까지 등장했다.

지금 소개한 애니메이션은 아는 사람보다 모르는 사람이 더 많을 것이다. 하지만 애니메이션을 좋아하는 사람들 사이에서는 절대 모르는 콘텐츠가 아니다. 오히려 이들은 덕후들만의 문화가 너무 커져버렸다는 반응이다. Z세대의 취향과 취미를 모두가 다 알지는 못할 것이다. 하지만 Z세대는 본인들이 좋아하는 문화를 가장 잘 알고 유행보다는 취향에 집중하는 세대임이 분명하다.

10대 사장
: 좋아하면 직업이 된다

각자 방법으로 스스로 벌어서 소비하고자 한다

Z세대를 사치와 소비라는 단어와 엮어 돈을 쓰는 것과 관련지어 생각하는 경우가 많다. 완전히 틀린 말은 아니라고 할 수 있다. 이들은 경험도 돈을 주고 사는 것으로 생각하기 때문에 경험에 돈 쓰는 것을 아까워하지는 않는다. 하지만 절대 그 돈을 흥청망청 사치하지 않는다. 경험을 중요하게 여기는 것만큼 알바(아르바이트)를 많이 하기도 한다. 각자의 방법으로 스스로 벌어서 자신의 소비를 해결하고자 노력한다.

Z세대는 타인이 생각하는 것만큼 사치스럽기만 한 세대가 아니라는 것은 최근 언론이나 「SNL코리아」 프로그램에서 화제가 된 무지출을 하는 Z세대를 보면 알 수 있다. 평일에 돈을 아끼고 냉동 볶음밥을

구매하여 도시락을 싸서 다닌다. 본인이 사용할 수 있는 범위 안에서 지출을 줄이고 하고 싶은 것에 소비하는 것이다.

최근 각종 극사실주의 콘텐츠를 보면 에버랜드, 서브웨이 등 특정 브랜드에서 알바를 한 공감 영상이 많이 올라온다. 가게마다 다른 인사법을 따라 하기라든가 캐리비안베이와 에버랜드 알바의 차이점과 같은 내용을 담고 있다. 이런 콘텐츠가 인기 있는 이유 역시 Z세대 본인들도 알바를 한 비슷한 경험이 있어 공감이 가기 때문이다.

그 밖에도 피시방에서 주문 음식을 제조하는 모습, 카페에서 음료 레시피를 만드는 모습을 보여주는 알바 콘텐츠 역시 유튜브에서 높은 조회수를 기록하고 있다. 이런 알바 콘텐츠를 보다가 최근 유튜브 알고리즘이 추천한 콘텐츠가 있다. 문구 포장 콘텐츠였다. 자세히 보니 해시태그에 '10대 사장'이 있었다. 이런 영상들을 하나둘 보다가 최근에 창업을 한 10대 사장들이 많다는 것을 알게 되었다.

지금 유튜브에 10대 사장이라고 검색하면 의류, 문구, 스티커 오마카세 등 다양한 콘텐츠를 확인할 수 있다. 10대 사장으로 검색하면 직접 창업을 한 사례들을 볼 수 있다. 동대문에 옷을 떼러 갔다가 쇼핑몰을 운영하는 10대도 있었고 본인이 좋아하는 커피나 마라탕 등을 파는 음식점과 카페를 연 사장님들도 있었다. 아무래도 최근에 다양한 플랫폼에서 쇼핑몰을 연동하는 사이트가 많아서 디지털에 친숙한 Z세대는 물론 알파세대에게도 이런 것은 어려운 일도 아닐 것이다. 자본이 많이 드는 사업이 아니기 때문에 세뱃돈으로 창업한다고 말하는 10대들도 많다.

이들의 영상이나 글의 주 키워드를 보면 무자본으로 창업하기가 중심인 것을 볼 수 있다. 그만큼 SNS나 커뮤니티 등이 돈 이상의 큰 역할을 하는 것을 알 수 있다. 쇼핑몰이나 음식점의 경우 흔하지는 않지만 예상할 수 있는 범위인데 랜덤박스나 오마카세 상품을 파는 10대들도 늘어나고 있다. 랜덤박스의 경우 이미 화장품, 의류, 유튜버들이 구매해 언박싱한 박스를 본 경험이 있어서 익숙할 것이다. 박스 안에 어떤 상품이 들어 있는지 미리 알 수는 없지만 구매한 금액 이상의 상품이 들어 있을 수도 있고 그 이하의 상품이 들어 있을 수도 있는 것이다.

랜덤박스는 중독이 되지 않게 주의해야 할 만큼 한번 사면 계속 사고 싶어 한다. 유튜브에 에어팟 랜덤박스를 검색하면 10대 사장님들이 팔고 있는 상품들이 어떤 것들인지 확인할 수 있다. 구성품을 보면 사실 남는 게 있을까 싶다. 이 밖에도 다꾸를 할 때 쓸 수 있는 필기구나 스티커 등을 판매하기도 한다. 유튜브에서 이들의 브이로그를 볼 수 있다. 인터넷 쇼핑몰에서 주문해서 받은 과자나 스티커 등의 상품을 포장하거나 박스를 포장한다.

확실히 이제는 학생이면 무조건 공부를 해야 한다는 인식에서 벗어나 본인이 잘하는 것을 스스로 찾아가는 사례가 늘어나고 있다. 이를 통해 Z세대가 자신에게 관심이 많고 퍼스널 브랜딩을 할 수 있는 세대라는 것을 알 수 있다. 이들은 SNS라는 본인의 사이트를 연 것이고 본인이 잘하는 것으로 브랜드를 만들어서 10대부터 창업하게 된 것이다. 이들에게 브랜드는 본인 자체다. 개인 브랜딩을 어떻게 하는

가에 따라서 어떤 사업을 할지 구상할 수도 있고 본인이 뭘 잘하고 사람들에게 어떻게 인지되는지가 이들에게 큰 사업 수단이다.

'오마카세'는 주인장 마음대로라는 뜻이다. 이 용어를 스티커에 가져와서 스티커 오마카세를 하는 사람들이 있다. 이 스티커 오마카세는 오직 한 사람만을 위해 제작한 스티커라는 것이 중요하다. 이미 당근마켓 등에서 본 적이 있을 것이다. 강아지 그림을 그려준다거나 초상화를 그려준다는 주문을 받는 것이다. 당근마켓에서 초등학생들이 팔아서 귀엽다는 커뮤니티 글을 한 번쯤 보았을 것이다.

이 두 사례는 적당한 범위 또는 사람들에게 콘셉트를 받지만 트위터에 스티커 오마카세를 검색하면 조금 그 범위가 다르다. 오마카세라는 말 그대로 주인장 마음대로 섞어서 스티커를 판매하는 걸 말하는 경우가 많고 오마카세 콘텐츠를 제작하는 사람에게 커스텀하는 경우도 있다. 손님이 구체적인 요청을 하지 않고 이름, 직업, 본인이 추가하고 싶은 TMI 정도만 넣고 주문하면 상품을 원하는 수량으로 받아볼 수 있다.

스티커 오마카세의 경우 그림도 그림이지만 스티커에 들어가는 문구가 센스 있어 사람들에게 사랑받는 경우가 많다. 작품을 보고 싶다면 그냥 스티커 오마카세만 검색해도 주르륵 볼 수 있다. 랜덤으로 제공되다 보니 나만 가질 수 있는, 어찌 보면 한정판 스티커가 되는 것이다. 종류 역시 스티커만 있는 것이 아니다. 꾸미기를 좋아하는 Z세대의 취향을 반영하여 꾸밀 수 있는 모든 것이라면 오마카세가 가능함을 트위터에서 확인할 수 있다. 이 역시 본인이 좋아하는 색이나 이름 정도만 알려주면 주인장 마음대로 디자인해서 발송한다.

얼마 전에 기숙사 쇼츠 콘텐츠로 유명한 '206호'가 졸업을 한 영상을 보았다. 그걸 보며 '이들은 대학에 갔을까, 아니면 계속 유튜브를 할까?'라는 생각을 했다. 이후 대학에 진학하지 않고 본인이 원하는 일을 하기로 했다고 말하며 자취 콘텐츠를 올리는 영상을 확인했다. 206호의 가장 이상적인 결말이 아닐지 생각했다. 우리 사회에서 대학은 선택이 아니라 꼭 가야 하는 곳인 것처럼 표현한다. 하지만 필자는 대학은 선택이라고 생각한다. 고등학교 때부터 자기 브랜딩에 성공한 206호의 사례를 봤을 때 Z세대는 자기 브랜딩을 통해 돈을 벌고 자신의 길을 개척할 잠재력을 가지고 있다. 우리가 상상하지 못하는 방법으로 돈을 버는 사례가 더 늘어날 것이라고 기대한다.

전혀 다른 분야와 컬래버해서 재미를 더한다

"그래서 유행이 뭐야?" 여기까지 읽었다면 묻고 싶을 것이다. 그 대답은 이렇다. "Z세대의 유행은 아무도 모른다." 사실 이들에게 유행이라고 할 수 있는 게 있을까 싶다. 알고리즘 추천이 뜨면 한 번은 볼 수 있겠지만 마음에 들지 않는다면 손가락을 한 번 움직여 눈에서 안 보이게 할 수도 있다. 사용하는 플랫폼도 너무 많고 좋아하는 것도 너무 다양하다. 이들의 유행을 한곳에 모으는 것은 쉽지 않은 일이다.

당장 Z세대 4명을 단톡방에 초대해서 좋아하는 것이 무엇이냐고 물으면 답변이 다 다를 것이다. 그래서 마케팅할 때 제일 중요한 것은 기존 관심 고객에게 더 매력적인 상품을 많이 파는 것이다. 아니면 전혀 관심 없던 이들을 끌고 와야 한다. 사실 기존 고객을 키우는 것은 어렵지 않다. 기존에 하던 마케팅에 크기만 확장하면 된다. 하지만 새로운 고객을 유치하거나 새로운 고객에게 브랜드를 각인시키기 위해서는 새롭게 도전해야 한다.

가장 쉽고 빠르게 성과가 나는 도전은 전혀 관련 없는 분야와 컬래버를 하는 것이다. 이 방법은 식음료$_{F\&B}$ 시장이 반응이 빠르다. 안 먹는 사람이 없는 커피, 아이스크림과 같은 제품과 편의점 등의 브랜드와 컬래버를 하면 편의점이나 마트를 다녀가면서 '저게 뭐지?'라고 생각할 수밖에 없다. 최근에 이를 가장 잘한 사례 중 하나가 바로 블리자드의 게임 「디아블로 4」다. 「디아블로」는 피시방에 가고 게임 좀 한다는 사람들은 다 아는 게임이다. 하지만 게임을 안 하는 사람들에게는 생소한 이름인 이 「디아블로」를 음료수로 생각하는 사람이 있을 것이다. 만약 그렇다면 이번 디아블로의 마케팅은 대박이 난 것이 맞다. 「디아블로 4」가 출시 준비를 할 때 유튜브에 많은 셀럽이 댓글을 남겼다. 그중 한 명이 바로 백종원이다. 「디아블로」의 팬이자 식음료$_{F\&B}$의 큰손 백종원이 「디아블로」와 컬래버를 해서 '빽다방'의 에너지 드링크 음료를 출시한 것이다. 음료 색깔도 강렬한 빨간색이어서 「디아블로」 게임이 연상될 뿐만 아니라 백종원이 유튜브에 레시피를 제작하는 과정까지 업로드하여 더 이슈가 됐다.

디아블로는 빽다방뿐만 아니라 사람들이 자주 먹는 음식인 버거킹에도 컬래버를 통해 침투했다. 이렇게 되면 게임을 좋아하지 않는 사람에게까지 게임 출시가 소개된다. 「디아블로」는 이런 컬래버 외에도 영등포 시장 지하 4층에 지하철 10호선 개통을 위해 팝업스토어를 만들었다. 지금은 사용하지 않는 공간을 활용하여 마치 방 탈출 게임 콘셉트로 꾸며 게임을 좋아하지 않는 사람도 한번쯤 와서 경험해보고 싶은 색다른 팝업스토어를 연 것이다. 이 모든 것은 사실 자본에서 시작된 것이 아닐지 하는 생각을 할 수도 있다.

하지만 배스킨라빈스가 네이버 지식인을 연상케 하는 '미스터리 그린 쿠앤크'를 출시한 것을 떠올려본다면 마케팅의 성공 여부가 자본의 규모로만 결정되지 않는다는 점을 알 수 있다. 배스킨라빈스와 네이버의 컬래버 성공은 유명 브랜드와의 컬래버가 재미를 통해서 대중에게 파고들 수 있다는 것이 증명되었다. 최근에 마케팅 트렌드는 전혀 다른 분야와 컬래버를 하는 것이다. 그 브랜드를 몰랐던 사람들이 '왜 여기랑 한 것일까?'라는 의문과 호기심이 들게 하는 방식으로 재밌게 만드는 것이 가장 중요한 포인트가 될 것이다.

센 언니
: 나답게 라이프스타일을 추구한다

모두가 좋아하는 것이 아닌 각자 중요한 것을 따른다

'개성' 하면 제일 먼저 생각나는 브랜드는 무엇일까? 아마 Z세대 여자들에게 물어본다면 바로 "지그재그"라는 답변이 나올 것이다. 패션 커머스 플랫폼인 지그재그에서 몇 년에 한 번씩 혜성처럼 등장하는 광고를 보면 "진짜 일 잘한다."라는 감탄밖에 나오지 않는다. 지그재그의 광고는 그냥 광고의 기존 틀을 깨버리는 느낌이고 Z세대의 니즈를 얼마나 정확하게 파악하는지 알 수 있다. 예를 들어 윤여정 선생님이 출연한 광고부터 이런 인식이 생기기 시작한 것 같다. 윤여정 선생님이 광고를 찍을 당시 유행은 '배울 점이 있는 어른들'이었다.

밀라논나 선생님으로 시작하여 배울 점이 있는 어른들에 대한 Z세대의 기대감이 높아져 있었다. 솔직하고 커리어적으로 성공한 윤여정 선생님이 영화로 상을 받으며 그 인기가 절정을 찍었을 때다. 그 멋진 선생님이 나와서 "모델 잘못 뽑은 것 아니냐?" "니들 맘대로 사세요." "눈치 볼 게 뭐 있니?"라고 발언하는 순간 Z세대 여자들은 이 광고를 절대 스킵할 수 없었다. 기존 광고 공식을 파괴했다는 평가를 받았다.

이번에 나온 광고도 2년 전 영상과 비슷한 주제 의식을 담고 있다. 해쭈, 리즈, 신예은, 백예린, 원지, 배유진 등 당당하고 개성 강한 여성 인플루언서들을 광고 모델로 대거 기용했다는 점도 비슷하다. 지그재그 광고가 높은 평가를 받는 이유는 Z세대가 원하는 것을 정확히 알고 있기 때문이다. 지그재그의 광고는 기존의 획일화된 미의 기준을 내세우지 않는다. '나답게' '각자의'와 같은 키워드로 모두가 저마다 다른 아름다움을 갖고 있음을 강조한다는 점이 Z세대에게 소구력을 갖는 것이다.

이번 광고에서는 '제가 알아서 살게요.'라는 카피가 특히 화제다. '옷을 알아서 사겠다.' '인생을 알아서 살겠다.'라는 두 가지 뜻으로 해석돼 더 열렬히 호응했다. SNS에서도 이번 지그재그 광고를 두고 "마케팅팀 능력이 진짜 좋다." "광고 기획한 사람 월급 올려줘라." 등의 반응이 이어진다. 어느 순간부터 Z세대에게 인기 있는 유명인을 생각해보면 이들의 공통점은 '할 말은 한다.'라는 것이다. 기존의 센 언니라고 평가받던 사람들이 이제는 개성 있고 하고 싶은 말은 하고 사는 매력적인 사람으로 인식이 된다.

아이돌 노래만 봐도 이제는 '내 맘대로' '당당한 나'가 주제가 되는 경우가 많다. 이런 사회의 변화가 긍정적이라고 생각한다. 모두가 좋아하는 걸 따라가는 것이 아니라 자신이 가장 중요하게 여기는 것을 따라가고 각자의 개성을 존중할 수 있기 때문이다. 특히 박명수가 재평가받고 있다. 과거에는 왜 저렇게 화가 많냐고 생각했는데 이제는 이해된다는 것이다. 알고 보니 박명수의 태도는 우리네 일상인 것이다. 박명수는 솔직하고 2인자임을 개의치 않고 자신이 좋아하는 것을 잘 알고 있는 사람이다. 사람들에게 지속해서 인기를 끌 수 있는 것은 본인 커리어에 스스로 한계를 두지 않는 것이 클 것이다.

한계를 두지 않고 하고 싶은 걸 다 하고 산다

이찬혁은 '하고 싶은 거 다 해.'라는 문구와 잘 어울리는 사람이다. 사람들의 눈치를 보지 않고 진짜 하고 싶은 것을 다 한다. 처음에는 개인 유튜브 채널을 열어 화제가 됐는데, 특이하게도 몇 시간 동안 차 뒤에서 음악을 듣는 영상을 올렸다. BGM이 있는 것도 아니고 그냥 혼자 노래를 듣는 영상이라서 댓글에 "명절에 삐진 삼촌 같다." "왜 노래를 혼자 듣느냐?"와 같은 반응이 나왔다. 유튜브뿐만 아니라 최근 KBS 「전국노래자랑」 현장에서 발견되기도 하고, 서울 여의도나 광화문에 행위예술을 하는 사람처럼 잠옷 차림으로 앉아 있어 화제가 됐다.

왜 이런 행동을 하는지는 알 수 없지만 특이하다. 어찌 보면 정말 하고 싶은 걸 하면서 사는 Z세대의 대표 캐릭터 같기도 하다. 내놓는 음원마다 대박이고 '본업존잘'이니 하고 싶은 걸 다 하라는 반응도 많다. 이찬혁은 진짜 하고 싶은 걸 다 하면서 살고 있는데 이제는 가구 소품도 판매하고 있다. 이렇게 Z세대는 한계를 두지 않는 것에 반응한다. 본업만 잘한다면 연예인들이 사업을 하든 음원을 내든 연기를 하든 투잡을 하든 쓰리잡을 하든 크게 상관하지 않는다. 오히려 한계를 두지 않는 모습이 멋있어 보인다고 생각한다. 이는 사람에게만 해당하는 것이 아니다. 아무 상관 없는 브랜드끼리 컬래버를 하는 사례를 이런 의식 때문에 오히려 더 긍정적으로 보는 것이다.

얼마 전 29CM 플랫폼에서 웹툰 단행본을 판매한 적이 있다. 바로 『1을 줄게』라는 네이버 19금 웹툰이다. 화요일에 연재하는 20~30대 여성을 타깃으로 하는 웹툰이기도 하다. 이 웹툰은 여자 주인공이 다음에 연애하게 될 사람이 마지막 연애 상대가 되게 해달라고 소원을 빌자 몸에 숫자 1이 새겨지고 후에 몸에 숫자 99가 새겨진 남자를 만난다는 내용이다.

댓글에 네이버가 이런 걸 할 수 있느냐는 반응이 나온 작품이다. 사실 이런 웹툰이 29CM에 등장한 것도 놀랍지만, 네이버 IP팀이 왜 컬래버를 했는지 글을 올려 더 화제가 됐다. 네이버 웹툰은 10대 이용자가 많고 19금 책은 단행본으로 제작됐을 때 서점 광고가 불가능하기에 20~30대 이용자가 많은 플랫폼과 컬래버를 했다는 것이다. 쇼핑몰도 단행본 홍보에 그치지 않고 '열아홉에는 몰랐던 스물아홉 어른의 물건'이라는 문구와 함께 숙박권, 속옷, 콘돔 등을 팔았다. Z세대는 이제 책을 꼭 서점에서만 사지 않을뿐더러 19금도 감추지 않고 당당하면 오히려 좋다는 반응을 보인다.

 Z세대에게 '한계'라는 단어는 어울리지 않는다. 이들은 뭐든지 할 수 있고 다른 공간에서 다른 사람이 될 수도 있다. 이들에게 가장 중요한 것은 가장 나답게 사는 것과 개성을 존중하는 것이다. 마케팅할 때 가장 중요한 것은 자기 자신에게 집중하도록 만드는 것이다.

라이프스타일 **6**

스마트워커로
업무효율을 높인다

노동요
: 일할 때 노래를 듣는다

일할 때 어느 정도의 음악이 일의 능률을 올린다고 생각한다

회사에서 음악을 들어도 되느냐에 관한 논쟁은 계속되고 있다. 코미디 프로그램 「SNL코리아」에 맑눈광 캐릭터가 등장해 에어팟을 착용하고 일하는 것이 논란이 되기도 했다. 사실 이건 회사마다 문화의 차이일 것이다. 필자의 팀은 모두 이어폰을 끼고 일을 한다. 콘텐츠나 영상을 만드는 것이 주요 업무인 팀이라 계속해서 콘텐츠를 보기 때문이기도 하지만 어느 정도 음악이 일의 능률을 올린다는 말에 동의하기 때문이다. 에어팟, 버즈, 헤드셋이 없는 사람이 몇이나 될까? 주변 친구 중 유선 이어폰을 사용하는 사람은 회사에서밖에 못 봤다.

필자의 친구가 다니는 회사에는 단톡방에 '콩나물 타임'이라 말하고 에어팟을 착용한 채 일하는 시간이 따로 정해져 있다고 한다. 물론 직무에 따라 다를 수 있겠지만 노동할 때 노래를 듣는 게 더는 어색하지 않은 일이 됐다. 나 역시 노래를 들어야 효율이 올라가고 노동요가 필요하다는 말에도 동의한다. 노동요라는 단어가 쓰이는 것도 너무 웃긴다. 농경사회에서 일할 때 쓰던 단어를 가져왔지만 즐겁게 일하고자 듣는 의미라는 뜻에서 과거와 의미도 일치한다. 에어팟과 관련 기기를 활용하는 사람이 늘어난 만큼 음악을 듣는 사람도 많아졌고 음악 콘텐츠를 소비하는 방법도 다양해졌다.

음악 앱의 종류는 많다. 가장 많이 선택하는 것은 본인의 통신사 할인이 결합한 상품이다. 그것과는 별개로 일할 때 듣는 음악은 대부분 유튜브 프리미엄을 이용한다. 사람마다 쓰는 음악 앱이 다르지만 앱과 상관없이 Z세대는 대부분 '플리(플레이리스트)'를 통해 음악을 듣는다. 플리는 유튜브에서 검색해 바로 들을 수 있다는 게 장점이다. 과거처럼 한 가수의 노래만 쭉 모아놓은 플리를 선택하지 않고 하는 일, 기분, 날씨 등 여러 기준에 따라 다양한 플리를 고른다.

요즘 내가 가장 많이 듣는 플리는 노동요로 '듣자마자 뒷골목 보스 되는 자존감 상승 플레이리스트' '전투력 상승 플레이리스트' 등이다. 급하게 할 일이 있거나 아이디어를 고민해야 할 시간에는 꼭 이런 플리를 찾아 듣는다. 본인의 그날 기분과 콘셉트에 맞게 노래를 들을 수 있는 것이다. '출근할 때 오늘은 다 죽이고 내가 짱이 돼야지.'라고 생각하는 날이나 '오늘은 가만히 있어야지.'라고 다짐하는 날 텐션이 다르듯 노래도 달라야 한다. 아침에 할 일이 없을 때는 '케이팝 고인물

플레이리스트'를 검색해 유행하는 노래나 숨은 케이팝 명곡을 듣곤 한다.

이처럼 플리를 찾는 사람이 많아지다 보니 유튜브에 플리를 올릴 때도 다들 웃긴 제목이나 콘셉트에 집중한다. '청소할 때 듣는 노래' '코딩할 때 듣는 노래' '화장할 때 듣는 노래' '노동요' 이렇게만 검색해도 다양한 플리를 찾을 수 있다. 너무 많아서 뭘 들어야 할지 고민이 될 정도다. 아침마다 단톡방에는 "오늘 노동요 플리 추천이요."라는 카톡이 올라온다. 이제 나를 포함한 Z세대는 플리, 즉 노동요 없이는 일할 수 없는 몸이 돼버렸다.

유튜버 중 플리 맛집을 추천하자면 '때껄룩' '때잉'이 있다. 때껄룩의 경우 다들 한 번쯤 본 적 있을 것이다. 힙한 장소에 갔을 때 'Recording'이라는 화면과 함께 음악이 나오고 있다면 그게 때껄룩 플리다. 최근 힙한 와인바나 카페, LG 스탠바이미가 있는 친구 집에 가봤다면 안 봤을 리 없다. 때껄룩의 플리는 노래를 듣는 상황에 따라 잘 고르면 잔잔하게 흘러갈 수도 있어 사람들이 많이 선호한다. 특히 때껄룩은 제목 맛집으로 유명하다. '새벽에 침대에서 듣기 좋은 노래'와 같은 플리 외에도 '첫사랑 썰 푸는 곳' '지독한 짝사랑을 했던 경험'처럼 사랑 이야기를 모은 플리들도 있다.

때잉의 플리도 많이 듣는다. 취향 저격 노래가 많을 뿐만 아니라 영화나 드라마 장면을 활용해 만든, 진짜 멋진 한 편의 뮤직비디오를 보는 것 같기 때문이다. 때잉의 플리에서 새로운 노래를 발견할 때마다 개인 플리에 추가하기도 한다. 때잉과 비슷한 유튜버 중 '쏘플'도 있다. 쏘플 역시 화면과 노래가 조화를 잘 이뤄 눈과 귀가 즐겁다. 쏘플은 영화나 드라마 장면을 가져와서 뮤직비디오처럼 만들기도 한다. 어떻게 그렇게 찰떡처럼 노래와 화면을 잘 붙이는지 모르겠다. 앨범이나 신곡을 홍보할 때 쇼츠 영상에서 인기를 끌 수 있는 핵심 안무와 노래를 들려주는 경우도 있지만 외국 가수의 소속사의 경우 이들에게 광고를 넣어 홍보하는 때도 많다. 반대로 드라마와 영화를 이렇게 유명한 노래와 붙여 홍보하는 것 역시 효과적인 방법이 될 수 있을 것이다.

친구와 함께 일기장 쓰듯 플리도 링크해서 공유한다

사무실에서 또는 재택근무를 하면서 노래를 들을 일이 있다면 본인이 만든 플리나 남들 다 듣는 톱 100 대신 상황과 시간별 플리를 검색해 들어보길 추천한다. 노동요를 들으면 집중력과 일의 효율을 높이는 데 도움이 될 것이다. 플리는 최근 기업들이 Z세대를 타깃으로 마케팅할 때도 많이 사용된다.

스타벅스와 같은 대형 프렌차이즈는 지점마다 똑같은 노래를 들려주는 경우가 있다. 아예 스타벅스 플리를 만들어서 사람들이 특정 노래를 들을 때마다 공간을 떠올리게 하는 것이다. 특정 장소에서 나는 향기를 향수나 디퓨저로 만들어 파는 향기 마케팅처럼, 특정 제품을 사용하는 순간 듣기 좋은 노래를 플리로 만들어 공유하게 하는 방법이다. 빙그레는 '샤워 후 바나나우유 마실 때 듣는 노래'라는 플리를 제작했고 카카오프렌즈는 'DJ 라이언'이라고 해서 라이언이 들려주는 콘셉트로 플리를 만들었다.

　Z세대 하면 모두가 인정하는 부분이 개성이 강하고 좋아하는 게 확실하다는 점이다. 그렇기에 음악 취향 역시 다 다르고 자신만의 플리 하나쯤은 갖고 있다. 재택근무를 하다 오랜만에 출근하는 날에는 자신만을 위한 플리를 따로 만드는 사람도 있다. 이렇게 만든 플리를 혼자 듣기도 하지만 주변과 공유하기도 한다. 친구와 함께 일기장을 쓰는 것처럼 플리도 링크해서 공유하는 게 하나의 유행이 됐다. 주변에 하나씩 있는 '힙'의 대명사 같은 친구의 플리를 보면 마치 과거 싸이월드 미니홈피처럼 잘 꾸며져 있다. Z세대에게 플리는 이제 누구나 하나쯤 가지고 있는 필수템이 된 것이다.

데스크테리어
: 회사도 꾸미는 공간이 된다

입사하면 하루 종일 책상을 꾸민다

책상에는 나름대로 규칙이 있다. 저 사람 책상 진짜 정신없다고 생각하는 경우에도 그 사람에게 어떤 서류를 찾아달라고 하면 금방 찾아낸다. 회사에서 책상은 어떻게 보면 공개적이지만 유일한 나만의 공간이기도 하다. 과거 공감대를 형성하던 「롤러코스터」라는 프로그램에서 입사하면 하루 종일 책상을 꾸민다는 이야기가 나왔다. 데스크테리어라고 해서 진짜 책상을 인테리어하는 것이 당연시되고 있다.

만약 첫 출근을 해서 모니터를 받으면 뭘 할지 생각해 보면 제일 먼저 A4박스를 찾으러 나선다. 진짜 수많은 사람이 공감할 것이다. 눈높이를 맞추기 위해서 박스 2개를 아래에 놓고 모니터를 올린다. 이 각도를 재고 측정하는 것만도 오랜 시간이 걸린다. 한 번 세팅할 때 제대로 해야 다시 만지지 않고 계속 그대로 쓸 수 있기 때문이다. 최근에는 A4박스가 아니라 노트북 거치대를 사는 경우도 많아지고 있다. 사실 회사에 돈을 안 쓰는 게 국룰이다. 그런데 요즘은 그 룰이 깨졌는지 최근 입사한 친구들 책상에는 다 노트북 거치대가 있다. 도대체 이걸 왜 돈 주고 사냐고 물어보니까 다 자기 거북목을 방지하기 위한 투자라고 한다.

이렇게 세팅이 끝나면 하루 정도는 뭘 가져와야 할지 고민한다. 필수템은 슬리퍼. 슬리퍼 종류도 여러 가지가 있다. 지압 슬리퍼는 하루 종일 앉아 있었던 나의 죄책감을 덜기 위함이고, 구름 슬리퍼처럼 폭신폭신한 슬리퍼를 선택하는 사람도 있다. 물론 회사에서 나눠주면 그거 쓰는 게 최고다. 만약 후배 입사 선물을 고민하고 있으면 실용성 면에서 무조건 슬리퍼를 추천한다. 슬리퍼와 칫솔까지 구비하고 나면 이유 없이 가만히 있던 바탕화면이 거슬리기 시작한다.

이제 본격적인 데스크테리어가 필요한 상황이다. 데스크테리어는 데스크와 인테리어를 합성한 신조어다. 바탕화면은 보통 좋아하는 연예인 사진이나 움짤로 많이 꾸민다. 연예인 사진은 이미 알아서 잘 찾을 것이고 짤은 '핀터레스트'에서 찾으면 된다. 가끔 웃긴 걸 보내 달라고 요청하는 선배가 있다. 웃긴 짤을 찾아서 보내주면 너는 이런 걸 어디서 찾느냐는 말을 듣는다. 얼마 전 프로필 사진에 빠더너스 문상훈의 '차라리 꿈이었으면 좋겠다.'라는 짤을 썼는데 이런 짤은 요즘 다 핀터레스트에서 찾는다.

원래 핀터레스트는 자기 작업물을 올리고 레퍼런스를 찾는 플랫폼이었으나, 요즘은 마치 일하는 척하며 사심을 채울 수 있는 플랫폼이 됐다. 핀터레스트도 자체 알고리즘으로 사진이나 이미지를 추천하는데 필자는 그게 다 짤이거나 웃긴 이미지다. 본인 핀터레스트 피드가 너무 진지해 재밌는 걸 찾아보고 싶다면 검색어에 '원숭이'를 넣으면 된다. 원숭이에 말풍선을 붙인 이미지가 유행했는데 이걸 클릭하고 몇 번 구경하면 피드가 다 재밌는 짤로 변경된다. 특히 최근 유행한 말풍선을 적절한 이미지에 갖다 붙인 것을 자주 볼 수 있다.

이런 짤이 다시 유행하면서 개그맨 박명수의 명언 짤도 급부상하기 시작했다. 지금 생각해보면 MBC 예능프로그램「무한도전」속 박명수는 짜증이 많은 사람이 아니라 현대인 그 자체이다. 핀터레스트에서 짤 쇼핑을 하고 프로필 사진을 변경하다 보면 세상에는 어쩜 이렇게 재밌는 사람이 많냐는 생각밖에 들지 않는다. 바탕화면까지 변경하면 데스크테리어는 역할을 다한 것이다.

최근 급속도로 늘어나게 된 행태가 바로 노트북과 키보드를 바꾸는 것이다. 처음에는 사비를 들여 바꾼다는 게 진짜 이해가 되지 않았다. 일단 키보드는 게이밍 키보드를 구매하기도 하고, 키보드 커스텀을 구매해서 하나하나 DIY처럼 조립하는 경우도 있다. 촉감이 좋은 키보드로 바꾸면 마치 촉감놀이를 하는 것처럼 기분 좋게 일을 할 수 있다는 것이 키보드를 바꾸는 가장 큰 이유라고 한다.

이렇게 키보드와 마우스를 세팅하고 나면 그 아래 데스크매트를 깐다. 데스크매트는 마우스패드 대신이기도 하고 절대 칼자국 방지용 매트여선 안 된다. 내 책상에 제일 많은 색감으로 깔맞춤을 한 데스크매트여야 한다. 당연히 마우스패드 역시 옛날에 어디서 나눠준 걸 쓰지 않는다. 본인이 좋아하는 캐릭터를 구매하거나 본인의 책상에 잘 어울리는 마우스패드를 배치한다.

업무 공간이 마음에 들어야 일의 능률도 올라간다

Z세대의 책상 위에 있는 비타민 수만 봐도 이들이 얼마나 건강 걱정이 끔찍한지 알 수 있다. 영양제도 이 정도면 데스크테리어를 위해 가져다 놓은 건 아닌지 생각이 들 정도다. 트위터만 봐도 비타민에 관심 있는 Z세대가 진짜 많은데 하루를 버틸 수 있는 비타민을 공유하고 이를 사무실 책상에 배치하기도 한다.

이렇게 물건을 다 갖추었다고 해서 끝난 것이 아니다. 회사 탕비실에는 없는 콤부차부터 시작해서 가장 큰 서랍장을 간식 창고로 다 채워야 한다. 보통 회사에는 유통기한이 길어 상하지 않고 냄새나 먹는 소리로 문제가 될 일 없는 곤약이나 빵 종류를 가득 채워놓는다. 한 달에 한 번 쿠팡에서 주문하고 한 달 이상은 버틸 수 있어야 하기 때문이다. 이후 책상에 친구들과 찍은 인생네컷이나 덕질하는 아이돌 사진을 붙이고 작은 피규어를 올려놓으면 대충 끝이 난다. 물론 방을 꾸미는 것에 취향이 있는 것처럼 누구나 좋아하는 공간 스타일이 있어서 깔끔한 걸 좋아하는 사람들은 아무것도 놓지 않을 수도 있다.

최근 줌 회의가 많아지면서 Z세대는 어떻게 하면 미팅에서 본인이 잘 보일까 고민하기도 한다. 이들에게 잘 보인다는 건 귀염을 받고 싶다는 것이 아니라 튀고 싶다는 것이다. 구글에 줌 배경만 검색해도 다양한 이미지를 볼 수 있다. 화상회의용 배경을 선택하는 것이다. 비행기 의자, 지하철 의자처럼 의자 사진을 쓰는 경우도 있고 공주 집 같은 이미지를 쓰는 경우도 있고 캐릭터 등 다양한 이미지의 배경을 쓰는 것을 볼 수 있다. 이렇게 하는 건 단순히 자신의 사생활 공간을 보호하기 위해서만이 아니다. 한 시간을 사용하는 줌 앱의 한 칸 역시 본인을 표현할 수 있는 공간이라고 인지하기 때문이다.

    Z세대에게 공간은 굉장히 중요하다. 이 큰 회사에 자기 마음대로 꾸밀 수 있는 공간인 책상을 꾸미지 못하게 한다면 이건 마치 회사에 정을 붙이지 말라고 하는 것과 비슷한 것이다. 좋아하는 공간이 되었을 때 그 공간에 가고 싶어지고 일의 능률도 올라갈 수 있다. Z세대에게 높은 성과를 끌어내고 싶다면 이들의 책상만큼은 자유를 주어야 한다.

워크툴
: 온라인과 디지털로 힙하게 일한다

효율적으로 일하기 위해 다양한 워크툴을 사용한다

회식도 업무다. 회식에 관한 이야기는 Z세대와 일하는 사람들이 궁금해하는 요소 중 하나다. 사실 회식은 사람에 따라 호불호가 갈리는 것이 사실이다. 술이라는 것 자체가 호불호가 갈리는 식품이기 때문이다. 하지만 확실히 이제는 전 세대가 점심 회식을 지향하는 모습을 볼 수 있다. 상사도 눈치 보지 않고 회식하자고 말할 수 있는 가장 효율적인 절충안이 아닐지 싶다. 그냥 점심에 술 대신 맛있는 것을 먹자는 것이다. 아니면 상사의 허락 아래 합법적으로 다 같이 낮술을 마시는 것이다. 이렇게 회식 문화도 바뀌는데 업무 스타일이 변하지 않을 리 없다.

워드로 파일을 나눠 받는 팀이 얼마나 많을까? 최근에는 회사 자체적으로 인쇄물 양을 줄이기 위해 아이패드를 입사 시 나눠주기도 한다. 최근 ESG를 시작으로 환경에 대한 관심도가 높아지기도 했고 문서를 다 인쇄하다 보면 나중에 분쇄하는 것만도 진짜 일이다. 또 각자 컴퓨터에서 워드로 업무를 하면 동시에 업무를 진행하기 어렵고 업데이트할 때마다 파일을 다시 저장해야 해서 파일명이 '이게 진짜' '진짜 마지막' '마지막의 마지막' 등을 붙이게 된다. 이런 문제를 해결하고 효율적으로 일하기 위해 워크툴의 종류도 다양해졌다.

물론 Z세대가 디지털 세대이고 어쩌면 인쇄보다 온라인을 통해 일하는 게 더 익숙하기 때문일 수도 있다. 카카오톡을 통해 파일을 주고받으면 된다고 생각할 수 있다. 하지만 나중에 그 파일이 어디 있는지 모르고 기간도 만료돼 다운로드하기 어려울 때가 많다. 필자가 구독하는 서비스 중 가장 애정하는 서비스가 바로 '카카오톡 톡서랍'이다. 이것만 있으면 파일 기간 만료를 걱정하지 않아도 된다. 직장에서 언제 어디서나 파일을 주고받아야 하는 상황이라면 정말이지 톡서랍은 구독 안하고는 버틸 수가 없다.

얼마 전 회사에서 팀마다 어떤 워크툴을 사용하는지 조사했다. 확실히 Z세대를 포함한 20대가 많이 포진된 팀에서는 '노션'을 비롯해 '슬랙' 등 다양한 워크툴을 쓴다는 걸 알 수 있었다. Z세대는 플랫폼 활용에 어려움이 없기에 재택근무가 활발할 때도 다양한 워크툴을 쓰는 경우가 많았다. 노션은 동시에 접속해서 각자 문서 작업을 하는 업무가 가능하다. 워크툴을 사용한다면 회의실에서 같이 업무를 하는 것과 별반 다르지 않다. 굳이 진행 중인 업무를 물어보지 않아도 클릭만으로 현황을 알 수 있다. 원하는 파일이 있다면 링크 하나로 팀 전체 업무까지 확인할 수 있다.

또 워드나 한글 파일을 카카오톡으로 주고받으면 폰을 두 개 쓰지 않는 이상 업무와 사생활을 분리하기가 어렵다. 그런데 업무툴은 업무와 사생활을 분리할 수 있어 유용하다는 평이 대부분이다. 노션은 단순히 타이핑만 하는 것만이 아니라 작업 내용을 팀원이나 친구와 공유할 수 있다. 링크를 전달할 수도 있지만 워크 스페이스를 만들어 팀원들의 모든 문서를 올리는 홈페이지로도 활용할 수 있다. 노션을 사용하면 동료와 일할 수 있는 새로운 공간이 열리는 것이다.

'미리캔버스'라는 워크툴은 정기적으로 디자인 템플릿이 올라온다. 회사에서 제일 많이 필요한 PPT는 기본이고 포스터와 현수막 등 인쇄가 필요한 모든 것의 디자인 기본 템플릿이 있고 무료 폰트 등이 있어서 구독하면 한 페이지에서 본인이 필요한 모든 작업을 한 번에 할 수 있다. 디자이너가 없는 팀도 디자인 작업까지 가능하게 만든 워크툴이라 막내들의 필수 구독 툴이 됐다. 미리캔버스도 본인이 작업한 결과물을 한곳에 모아놓을 수 있고 권한을 줄 수 있어서 팀이 함께 일하기가 편하다. 그뿐만 아니라 PDF, PNG 등 다양한 포맷으로 바로 뽑아낼 수 있어서 파일 변환 없이 원하는 방식으로 결과물을 얻을 수 있다.

회의록 작성도 녹음 녹취 대신 클로바노트로 한다

　회사에서 막내의 주요 업무 중 하나는 회의록을 작성하는 것이다. 선배 중에는 후배가 회의록만 잘 쓰면 된다고 말하는 사람들도 있다. 사실 회의를 진행하면서 녹음하고 잠깐씩 받아 적는 것도 일이다. 추후 글로 작성하려고 녹음을 풀고 있다가 보면 그것만큼 스트레스도 없다. 오디오 기반 서비스 중 직장인에게 가장 유용한 서비스라고 할 수 있는 게 네이버 클로바다. 유튜버 '빠더너스' 문상훈이 네이버에서 인턴을 하는 콘텐츠에도 클로바노트로 회의록을 작성하는 장면이 나온다. 중간에 욕한 것까지 녹음되는 게 웃음 버튼인데 보고 있으면 "오, 유용하겠다."라는 생각이 무조건 든다.

　클로바노트는 쓰면 쓸수록 꿀이라는 생각이 든다. 클로바노트는 목소리를 구별해서 타이핑을 해서 누가 말했는지 알 수 있고 자신이 들은 그대로 글로 받을 수 있다. 아무리 짧아도 몇십 분 이상은 받아 적어야 하는 회의록을 글로 읽고 작성할 수 있는데 심지어 요약 기능까지 생겨서 막내들이 설 자리를 잃게 생겼다. 앱을 사용하는 데 취약한 사람도 버튼 몇 번이면 사용할 수 있어서 막내 없이 혼자 회의에 갔을 때도 유용하게 사용할 수 있다.

　이렇게 다양한 워크툴을 사용하게 되면 처음에는 익숙하지 않아 서로 업무의 합을 맞추는 데 시간이 좀 소요될 수 있다. 하지만 정확한 역할 분담을 하고 업무 효율성을 위해 워크툴을 사용하게 되면 우선 업무와 일상이 분리될 수 있다. 실질적으로 업무만의 공간이 따로 있어서 일을 할 때 더 빠르게 원하는 파일을 만들고 찾을 수 있다는 장점 또한 있다.

다양한 메타버스를 많이 봤지만 '태그룸'은 정말 실용적인 메타버스라는 생각이 들었다. 혼자 공부하는 건 절대 쉬운 일이 아니다. 학창 시절 앉아 있는 게 너무 힘들어 앞에 꼭 누군가 있거나 경쟁할 사람이 있어야 효율이 올랐던 기억이 난다. 태그룸은 쉽게 말해 과거 유튜브에서 엄청나게 유행한 '#STUDYWITHME'라고 생각하면 된다. 다만 해시태그 스터디위드미가 나만 일방적으로 유튜버를 볼 수 있는 거라면 태그룸은 남들이 나를 볼 수 있고 나도 남들을 볼 수 있어 커뮤니케이션이 가능한 앱이다. 메타버스에 입장하면 독서실이 나오고 공부하고 싶은 자리를 찾아서 앉으면 된다. 자리에 앉은 뒤 비디오캠을 켜서 공부해도 되고, 타이머를 작동시켜 시간만 잴 수도 있다.

캠을 켜면 다른 사람들이 내가 공부하는 모습을 볼 수 있다. 영상에 들어갈 장작 소리, 빗소리, 키보드 소리, 도서관 소리 등을 선택하면 내가 공부하는 영상을 클릭한 사람은 ASMR도 들을 수 있다. 검색 기능을 사용해 원하는 공부방에 입장하는 것도 가능하다. 만약 수험생이라면 태그룸을 사용해 공부할 것 같고 재택근무를 하는 사람이 사용한다면 좀 더 긴장해서 일하지 않을까 싶다.

{ 네카라쿠배당토
: 선택받는 회사는 따로 있다 }

힙하게 입사 인증을 할 수 있게 해줘야 한다

　네카라쿠배당토. 취준생이라면 모르는 사람이 없는 마법의 단어일 것이다. 네카라쿠배당토는 네이버, 카카오, 라인, 쿠팡, 배달의민족, 당근마켓, 토스를 지칭하는 말이다. 고3 때 대학 이름을 외우는 것처럼 요즘 들어가고 싶은 회사 순위를 모아서 이렇게 부른다. 보통 개발자 대상이라지만 문과 출신 학생들도 크게 다르지 않을 것이다. 가고 싶은 회사, 힙한 회사의 기준은 사람마다 다르지만 여기 언급된 7개 사는 "오? 가고 싶을 수 있지."라는 생각이 든다.

　그러면 그 가고 싶어지는 힙한 이미지는 도대체 어떻게 만들어지는 걸까? 이제는 "우리 회사가 워라밸도 좋고 복지도 좋고." 같은 말은 불충분하다. 은근슬쩍 우리 회사가 힙하고 좋다는 것을 취업하려는 Z세대에게 보여줘야 한다. 이 때문에 미디어와 영상을 활용해 새로운 모습을 Z세대에게 어필하는 기업이 늘었다. 그럼 어떻게 해야 신입사원들에게 힙하다는 이미지를 줘서 그 많은 회사 중에 우리 회사를 선택하게 만들 수 있을까?

얼마 전 맥주를 운송하는 트럭에서 맥주 2,000병이 쏟아져 씁쓸한 표정으로 깨진 병들을 줍고 청소하던 운송 기사를 도와 사람들이 함께 현장을 정리하는 영상이 화제였다. 처음에는 역시 우리 국민의 국민성이 좋다는 걸로 시작했다. 하지만 이 영상을 오비맥주는 도와준 시민들을 찾고 싶다며 '공개 수배' 광고를 만들었다. 이 영상은 다시 한번 화제가 됐고 Z세대가 자주 쓰는 각종 커뮤니티와 SNS에서 많이 보였다. 오비맥주가 만든 동영상의 댓글에는 "오비맥주가 다시 보인다."라는 말이 많았다. 감사함을 표현하기 위해 만든 영상 하나가 기업 이미지까지 바꿔놓은 것이다. Z세대는 작은 일에도 관심이 많다. 기업이 어떤 행보를 보이는지 ESG, 기부, 사람을 위한 배려 등은 어떻게 하는지 다 확인한다는 것이다. 기업이 개인보다 훨씬 잘사는데도 기업이 착한 일을 하면 돈쭐을 내줄 정도인데 본인의 회사를 선택할 때 얼마나 민감하겠냐는 것이다.

이 밖에도 인사팀에서 공개하는 채용 방식도 영향을 많이 준다. 토스는 다양한 아이디어를 내놓는데 이번에 필자를 깜짝 놀라게 한 건 채용 챌린지였다. 채용 과정에서 프로덕트 디자이너 채용을 위한 페이지를 열었다. 무조건 아무나 참여하는 것이 아니라 참여하고 싶은 사람에게 우선 챌린지 참가 신청을 받고 추후 과제를 전달하는 방식이었다. 참가 신청만 해도 2D 아이콘 100개를 선물로 주고 사업적 용도로까지 사용할 수 있게 한 것을 보고 Z세대가 왜 토스를 선호하는지 알 수 있었다. 기존에는 구직을 위해 일방적으로 취업하고 싶은 사람들이 기업으로 자기소개서와 포트폴리오를 보냈다. 이제는 기업이 우리에게 귀한 자료를 보내주었으니 우리도 노력해서 빈손으로 가지 않게 하겠다는 것이 달라진 점이다. 채용 과정에서 회사가 사람의 시간과 도전을 귀하게 여긴다는 것을 가장 직접적이고 솔직하게 전달하고 있다.

취업한 Z세대가 가장 먼저 하는 일은 뭘까? 바로 본인이 이 회사에 들어왔다는 것을 인증하는 일이다. 최근 트렌드는 회사에서 꽃다발과 과일 바구니에 회사 임원의 편지를 넣어 부모님께 배달하는 것이다. 사실 이것만 받아도 부모님께 효도했다는 느낌이 들고 뭔가 본인이 소중한 사람 같다는 느낌이 들어 반응이 좋다. 이렇게 입사하고 부모님께 효도했다면 본인은 어떻게 인증을 해야 할지 고민한다. 사원증으로 인증을 하는 경우도 많지만 사실 이건 그렇게 참신하지 않고 회사를 자랑하는 티가 너무 난다. 회사 역시 어떻게 하면 이들이 힙하게 우리 회사를 인증할 수 있을지 은근히 고민한다. 이때 신입사원이 인증하는 글들이 커뮤니티에서 화제가 되기도 하는데 다 웰컴키트 때문이다.

웰컴키트는 호텔과 같은 특정 장소에서 방문객에게 주는 선물을 뜻한다. 회사도 웰컴키트를 처음 입사하는 신입사원에게 주는 게 유행처럼 번지고 있다. 웰컴키트를 제작할 때 가장 중요한 것은 어떻게 하면 기업을 잘 보여줄 수 있느냐는 것이다. 카카오뱅크의 웰컴키트를 검색해 보면 기업을 잘 보여준다는 게 어떤 느낌인지 알 수 있다. 돈 모양을 활용하여 웰컴키트를 꾸며 누가 봐도 금융 관련 기업인 것을 어필했다.

기업 이미지를 어필하는 것과 반대로 정말 필요한 상품을 담는 경우도 있다. 슬리퍼, 칫솔 소독기 등 집에서 따로 챙겨오지 않아도 사무실에서 바로 쓸 수 있는 물건들이다. 웰컴키트 역시 Z세대의 애사심을 높이는 데 도움이 될 수 있다. Z세대에게 입사와 동시에 자신이 챙김을 받고 있다는 느낌을 주기 때문이다. 특히나 SNS에 취업 관련 글을 작성하거나 해시태그로 회사 이름과 함께 올렸을 때 앞으로 이 기업에 오고 싶어 하는 사람들에게 기대감까지 높이는 효과가 있다.

퇴근하고 갓생을 살며 취미 활동 등을 한다

코로나19 당시 Z세대 사이에서 유행했던 말이 "대감댁 노비는 다르다."였다. 재택 가능 여부와 코로나바이러스에 감염됐을 때의 대처 등이 회사마다 달랐기 때문이다. Z세대는 누구보다 SNS와 디지털에 친숙하기에 이런 소식을 듣는 것에 빠르다. 기업 문화와 복지가 점점 Z세대에게 좋은 방향으로 진화하는 것도 이러한 이유 때문일 것이다. 엔데믹으로 들어서고 업무 관련하여 가장 이슈가 된 기사는 재택을 하지 않으면 퇴사하겠다는 내용이었다. 이제는 출근할 수 없는 몸이 되어버렸기에 계속해서 재택을 하고 싶다는 것이다.

  가장 큰 이유는 일단 재택을 하면 안 되는 이유를 찾기가 힘들다는 것이다. 우선 이동 시간을 최소화할 수 있다는 것이다. 재택을 하면 이동 시간이 없으므로 피로도가 줄어들고 업무 효율이 올라간다. 일하지 않는 것도 아니고 줌이나 구글미트 등을 통해 회의를 진행할 수 있다. 특히나 Z세대는 디지털에 익숙하고 워크툴을 활용하여 업무를 진행하기 때문에 회사가 아닌 어디서 일을 해도 인터넷만 연결되어 있다면 장소의 제약을 받지 않는다. 최근에 워케이션을 도입하는 회사들도 있다. 강릉과 동해 등의 휴가지에서 일을 할 수 있게 하고 있다. 회사마다 기준을 정해 업무시간에 일만 하면 해외에서 일하는 것도 허용하고 있다.

  회사 차원에서 생각해도 회사 운영비가 줄어들어서 이득이 아니냐는 게 재택근무를 요구하는 Z세대의 주장이다. 이들에게는 효율이 중요하다. 퇴근하고 갓생을 살고 취미를 포함한 본인의 활동을 즐겨야 하기 때문이다.

에필로그
Z세대를 믿고 맡겨보자

Z세대가 특이하다고 생각할 수 있지만 최근 「SNL코리아」 때문에 다시 보이기 시작한 X세대 역시 당시에는 만만치 않게 이상한 세대였다. 하지만 지금은 그 X세대가 Z세대를 보며 이상한 세대라고 말한다.

Z세대를 보는 사회의 시선은 낯설 수밖에 없다. 스마트폰을 어릴 때부터 가지고 놀았고 모르는 사람도 나를 알 수 있는 SNS를 꾸준히 운영해왔기 때문이다. 이들은 스스로 공간을 만들고 그 공간에서 나라는 사람 자체를 브랜딩할 수 있는 능력까지 갖추고 있다. 특정 동호회를 운영할 수도 있고 브랜드를 만들 수도 있고 물건을 직접 판매하는 것도 모두 가능하다. 한 명이 한 개의 계정을 운영하는 것이 아니라 여러 SNS에서 여러 계정을 운영할 수 있으니 계정마다 부캐로 활동하게 된다. 본캐와 부캐를 활용한 유튜브가 주목도가 높을 수밖에 없었을 것이다. 극사실주의 같은 콘텐츠이기 때문이다.

즉 Z세대는 걸어 다니는 콘텐츠 그 자체다. 이미 Z세대로 중심축이 넘어와버린 이상 마케팅의 주요 타깃도 Z세대이고 미래 고객도 Z세대일 수밖에 없다. 지금 우리는 어떻게 하면 이들과 잘 살아갈 수 있을지를 고민하는 것이 가장 중요할 것이다.

왜 그런 쓸 데 없는 것에 돈을 쓰는가

Z세대의 소비 습관을 보면 엄마는 등짝 스매싱을 날리기도 하고 선배는 한숨을 쉬기도 한다. 하지만 돌이켜 생각해보면 20대에 꼭 필요한 물건만 소비하고 산 사람이 있겠느냐는 의문이 생기기도 한다. 사실 돈이 없어서 못 쓰는 거지 돈 쓸 곳은 정말 많다. 오죽하면 Z세대가 생각하기에 돈을 가장 많이 쓰는 장소는 침대 위라고 하겠는가. 온라인 쇼핑 플랫폼은 넘쳐나고 밤 11~12시 전에 주문한 물건이 아침에 눈 뜨면 도착해 있기 때문이다.

이런 디지털 시대에서 이들은 고민할 시간 자체가 없다. 바로 최저가를 비교해주고 배송받는 날짜를 알려준다. 고민은 배송만 늦출 뿐이다. 특히 최근에는 해외직구를 대행해주는 서비스가 생겨났을 뿐만 아니라 지역 특산물 구매와 중고 상품 구매까지 손쉬워졌다. 그래서 어쩌면 이들은 물건을 사려고 웨이팅을 하고 줄을 서는 것이 더 해보고 싶고 도전할 욕심이 생기는 것일 수도 있다.

최근 헝그리 마케팅 제품인 포켓몬 빵이나 먹태깡 등을 사기 위해 편의점 물류가 들어오는 시간을 미리 알아두었다가 그걸 사러 가기도 하고 웨이팅 120번을 기다리는 오픈런을 뛰기도 한다. 경험을 위한 소비가 중요하기에 웨이팅을 하면서까지 상품을 구한다. 그뿐만 아니라 물건을 구하는 것이 쉬워진 상황에서 남들이 구하기 어려운 것을 손에 넣는 쾌감이 생겼기 때문일 수도 있다.

헝그리 마케팅의 인기는 앞으로 더 높아질 것이다. 만약 상품을 출시하고 생각보다 상품이 너무 빨리 품절되어 일정 기간 동안 상품 출시가 중단된다면 그 인기는 오히려 더 높아질 것이다. 사람들이 구하기 더 어려워졌기 때문이다. 그 예로 '동대문엽기떡볶이'의 마라떡볶이가 있다.

Z세대가 좋아하는 음식으로 자주 거론되는 메뉴가 바로 떡볶이와 마라탕(마라샹궈)이다. 유튜브나 「SNL코리아」에서 이런 선호가 하나의 소재로 사용될 정도다. 최근 동대문엽기떡볶이(엽떡)가 이 같은 Z세대의 취향을 십분 반영한 마라떡볶이를 새롭게 출시했다. 인기가 무척 많아 판매가 일시 중단됐는데 먹어본 사람들에 따르면 "굉장히 혜자스럽다."라는 평가가 많았다. 여기서 '혜자'는 한때 김혜자 선생님을 모델로 내세웠던 '양 많고 가성비 넘치는 편의점 도시락'에서 따온 말이다.

마라떡볶이에는 떡볶이와 마라탕 재료가 함께 들어간다. 떡과 어묵에 중국 당면, 분모자, 우삼겹, 통유부 같은 토핑이 추가된 것이다. 이미지만 보면 이게 떡볶이인지, 마라탕인지 헷갈릴 정도다. 마라떡볶이에 어울리는 사이드 메뉴로 꿔바로우도 출시됐다. 마라떡볶이는 초도 물량이 모두 소진돼 몇 달 뒤부터 다시 주문할 수 있다고 공지했다. Z세대가 좋아하는 두 메뉴를 하나로 합쳤으니 이 같은 품절 대란은 어쩌면 예견된 일이었는지 모른다. 아는 맛이 무섭다고 마라떡볶이는 수많은 Z세대가 기다렸다가 엄청난 속도로 주문하는 현상을 유발하며 헝그리 마케팅의 새로운 정석을 보여주었다.

이런 헝그리 마케팅에 자극받은 Z세대만 돈을 쓰는 것이 아니다. Z세대를 제일 대표할 수 있는 2023년의 단어를 뽑으라고 하면 바로 '꾸'라는 단어를 고를 것이다. 꾸안꾸, 꾸꾸 등 패션과 관련하여 꾸라는 단어가 등장하기 시작한 뒤로 다이어리 꾸미기, 휴대폰 꾸미기, 아이패드 꾸미기 등 다양한 꾸미기가 등장했다. 사실 이 꾸미기의 시작 중 하나라고 볼 수 있는 다이어리 꾸미기는 생각해보면 과거부터 유행해오던 것이다. 스터디플래너를 생각해도 되고 부모님의 어린 시절 일기장을 생각해도 꾸미기는 과거부터의 일이다.

그런데 Z세대의 꾸미기가 많은 것을 바꿔놓은 것은 사실이다. '갓생'이라는 단어와 이 꾸미기는 오히려 연관이 있을 수도 있다고 생각한다. 갓생은 쉽게 말해 Z세대가 자기계발을 하며 사는 삶을 말한다. 이렇게 자기계발을 하다 보니 다이어리를 쓰면서 자신을 스스로 발전시키는데 다이어리로 수첩이나 노트가 아니라 아이패드를 사용한다. 아이패드에서는 특히 '굿노트' 앱을 많이 사용한다. 굿노트 앱은 속지에 해당하는 템플릿을 다운로드해서 사용하거나 직접 만들 수 있다. 다꾸를 잘하는 사람들이 만든 것을 나누거나 판매하면서 자연스럽게 그 스티커의 캐릭터가 유명해져 또 하나의 수입 원천이 된다는 것이다.

이런 꾸미기가 다이어리 시장에서부터 커지기 시작했다. 이제는 아이돌 응원용 봉도 꾸미고 헤드셋도 꾸미면서 스티커, 지비츠 등 소품 시장이 어마어마하게 커졌다. 옛날에는 엄마들이 잔소리할 때 '이런 쓸데없는 것들이 밥 먹여주냐?'라는 잔소리를 많이 했는데 진짜 이제는 밥 먹여주는 시장이 되었다. '윗치폼' '포스타입' 등 다양한 플랫폼에서 이제는 10와 20대가 만든 제품을 마음껏 판매할 수 있게 되었고 이런 시장들이 활성화되니 자연스럽게 10대 사장님까지 등장하게 된 것이다. 이런 10대 사장님들은 시험 기간이 아닌 때 상품을 판매하고는 하는데 유튜브나 틱톡에 '브랜드 만들기' '10대 사장' 등을 검색하면 그 사례들을 볼 수 있다.

Z세대에게 쓸데없는 것은 없다. 옛날에는 "덕질이 밥 먹여주냐?"라고 했는데 그 덕질을 하던 아이디어가 응원용 봉을 꾸밀 수 있는 제품과 다양한 콘텐츠로 만들어지고 있다. '빤쮸토끼'로 한국 시장에서 알려진 일러스트레이터이자 유튜버 '카와이소니'가 그 대표적인 사례다. 카와이소니는 스트레이키즈 현진과의 영상 통화 팬 사인회를 한 경험담을 일러스트로와 영상으로 제작해 유튜브에 업로드하며 유명해졌다. 빤쮸토끼는 이제 한국 캐릭터의 대표 주자로 자리 잡을 만큼 인기가 많아졌다.

카와이소니는 본인의 경험담을 담은 영상과 그림을 자주 업로드하는데 그중 케이팝에 대한 경험을 담은 에피소드 등이 인기를 끌면서 캐릭터까지 사랑받은 사례. 덕질로 돈까지 버는 가장 대표적인 사례라고 할 수 있다. 과거에는 쓸데없는 행동이라고 부모님이 말하던 행동들로 누구나 수익을 창출할 수 있는 시대가 된 것이다. 플랫폼과 콘텐츠가 변화했기 때문이다.

앞으로 이 시장은 더 커질 수밖에 없다. 한 명 한 명이 SNS에서 본인의 채널을 운영하고 누구나 상점의 주인이 되어 상품을 제작하고 판매하며, 영상 콘텐츠를 제작해 크리에이터가 되는 시대다. 이제 디바이스에 익숙한 Z세대는 이 시장을 더 잘 활용할 것이다. 앞으로 마케팅을 구상한다면 단순 참여성 이벤트가 아니라 이들이 창작할 수 있는 콘텐츠를 만드는 마케팅을 준비해야 할 것이다.

절대 정신 사납지 않고 집중된다

틱톡을 보다가 '도대체 왜 화면이 두 개로 나뉘어 있지?'라는 생각을 한 적이 있다. 이 분할된 화면의 3분의 1은 영상이 재생되고 3분의 2는 아무것도 아닌 이미지나 영상이 담겨 있었다. 한참 화면을 보고 있다가 보니 '와 천재다.'라는 감탄이 나왔다. 3분의 2는 다름이 아니라 댓글 창의 크기였다. 댓글을 보면서 영상을 보고 싶어서 그 사이즈에 맞춰서 영상을 설정한 것이다. 이제 디바이스 맞춤형을 넘어서 Z세대는 본인들의 입맛에 맞게 사용 방식을 변경하고 만들어낼 수 있게 됐다.

Z세대가 스마트폰을 사용하는 모습을 보고 어른들은 딱 한 마디를 한다. "정신 사납다." 하지만 Z세대는 어릴 때부터 스마트폰을 사용했기에 절대로 정신 사납지 않고 오히려 그렇게 보지 않으면 집중이 되지 않는다. 유튜브를 배속으로 사용하냐는 질문을 최근 많이 듣는다. 그런데 오히려 일반 속도로 보고 있으면 시간을 낭비하는 느낌이 들 때도 있다. 그만큼 볼 것도 많고 빨리빨리 새로운 것을 보고 싶기 때문이다. 특히 쇼츠 영상이 등장하면서 그 속도는 더 빨라졌다. 영상을

판단하는 데 5초도 걸리지 않는다. 내 스타일이 아니면 5초 전에 쏙 스크롤을 내리고 다음 영상으로 넘어간다. 그렇기에 더 자극적이고 더 빠르게 편집되는 콘텐츠를 쉽게 볼 수 있다.

Z세대는 단순히 콘텐츠를 선택하는 것을 넘어 그 콘텐츠를 어떤 방법으로 선택할지를 고를 수 있다. 콘텐츠는 정말 많다. 예를 들어 지금 「꽃보다 남자」를 다시 보는 사람도 있고 「신사의 품격」을 다시 보는 사람도 있다. 너무 옛날 드라마 아니냐고 생각을 할 수 있지만 유튜브, 틱톡, 인스타그램 등 다양한 SNS의 알고리즘을 통해 접하기도 하고 OTT를 통해 접하기도 한다.

그래서 이제는 최근에 방영하는 방송이 중요한 게 아니라 그냥 내가 보고 싶은 것을 본다. 당장 음악만 생각해도 그렇다. 블랙핑크 노래를 듣다가 성시경 노래를 커버한 곡을 듣고 성시경 노래를 듣기도 하는 등 알고리즘으로 시대와 상관없는 접근을 할 수 있게 됐다. 그러니 이제는 방송국 콘텐츠도 시대를 가리지 않고 모든 콘텐츠와 경쟁을 해야 하는 상황이다.

이 과정에서 제일 중요한 문제가 '디지털에서 어떻게 사람들을 잡을 것인가'다. 생각해보면 Z세대는 당장 집에 TV가 없으므로 본방으로 본다고 해도 OTT를 이용하는 방법밖에 없다. 앞에서 계속 말했지만 Z세대는 예능이나 드라마를 보기 위해 온전히 한두 시간을 소비하지 않는다. 넷플릭스에서 어떤 드라마가 유행해서 그 드라마를 봤냐는 질문에 유튜버의 리뷰 콘텐츠로 봤다고 대답하는 사람이 대부분이다. 즉 디지털에서 이들의 호기심을 충족하지 못하면 본방이든

OTT든 클릭하지 않는다는 것이다. 그렇기에 이들이 가장 편하게 볼 수 있는 방법으로 SNS에 최대한 노출을 많이 하는 것이 가장 효율적인 방법일 것이다.

최근 영화관을 사람들이 찾지 않는다는 말을 정말 많이 한다. 그런데 Z세대가 2~3시간짜리 영화를 화장실도 가지 않고 스마트폰으로 다른 행동도 하지 않고 가만히 앉아서 볼 수 있다고 생각하는 것은 그 콘텐츠에 대한 엄청난 자신감이 있지 않는 이상 절대 할 수 없다고 본다. 그리고 당장 한 달 정도만 기다리면 영화를 OTT를 통해서 볼 수 있게 된다. 편하게 침대에 누워서 나만의 속도로 볼 수 있기에 영화관은 더욱 가지 않으려고 할 것이다. 그러면 이제 콘텐츠를 제작하는 사람들은 어떻게 해야 하겠느냐는 고민이 당장 들 것이다.

우선 팬들이 재가공하거나 편집하는 영상을 저작권 등의 이유로 배척하기보다는 재가공한 영상을 통해 어떻게 효과적으로 우리 채널까지 사람들이 올 수 있게 만들지를 고민해야 한다. Z세대는 본 방송은 보지 않지만 재가공되거나 패러디한 디지털 콘텐츠만 보는 경우도 많기 때문이다.

ENA와 SBS 플러스가 공동 제작한 예능프로그램 「나는 솔로」 16기가 역대급이라는 평가를 받는 가운데 덩달아 화제가 된 유튜브 채널이 있다. 바로 '심즈 아무나'다. 심즈 아무나는 연예인 등 사람 얼굴을 시뮬레이션 게임인 '심즈$_{Sims}$' 캐릭터로 똑같이 만들어 관련 밈을 재현하는 채널이다. 가장 유명한 영상으로 공항 도둑을 심즈 캐릭터로 표현한 것이 있다. 이런 심즈 아무나가 「나는 솔로」 16기 출연진

중 영숙과 상철을 심즈 캐릭터로 만들어 화제가 됐다. 두 출연진의 얼굴과 행동 싱크로율이 매우 높은 것은 물론이고 영상 배경음악으로 리코더 소리를 삽입하는 디테일도 살렸다. 이를 두고 시청자들은 "진정한 도파민이자 현대예술"이라고 평가했다.

M넷 예능프로그램 「스트릿 우먼 파이터(스우파)」가 시즌 2로 돌아왔다. 「스우파 2」 또한 「스우파 1」에 이어 시청자의 눈과 귀를 사로잡으며 호응을 얻고 있다. 「스우파」가 방영될 때 꼭 함께 등장하는 패러디 콘텐츠가 하나 있다.

바로 '스개파(스트릿 개그우먼 파이터)'다. 스개파는 개그우먼들이 유튜브 채널 엔조이커플에서 스우파 출연진을 비슷하게 따라 해 만든 콘텐츠다. 이들이 「스우파 2」에서 주목받는 캐릭터 위주로 패러디를 했다. 일단 작명 센스부터 장난이 아니다. 리아킴은 널리리아킴, 하리무는 하리보, 제이제이는 죄인죄인, 오드리는 오들오들이 등 웃음을 자아내는 이름을 붙였다. 이미 영상 조회수가 200만 회를 넘었다. 이미 인기가 있는 콘텐츠라도 패러디물을 통해 유행이 더 쉽고 빠르게 전파되고 변화하고 있다. 유행의 기간을 조금이라도 더 늘리고 더 많은 팬을 확보하는데 좋은 방법이 될 수 있다.

두 번째로, 영상을 짧게 만드는 방법도 있다. 클립 영상을 말하는 것은 아니다. 현재 방송이나 콘텐츠의 길이를 보면 보통 한 시간이 훌쩍 넘는다. 웹예능 역시 기본 20분 정도로 제작된다. 하지만 쇼츠로 충분히 웃긴 장면만 볼 수 있는데 굳이 이걸 풀 영상으로 다 봐야 하나라는 생각이 들 수도 있다. 최근 종종 보이기도 하는데 쇼츠로 드라마를 제작하거나 예능을 제작하는 경우들이 점점 증가하고 있다.

CU에서 제작한 유튜브 쇼츠 드라마는 900만 회 이상의 조회수가 나온 회차가 있을 정도로 큰 인기를 끌었다. 그런데 추후 몰아보기로 유튜브를 업로드를 했을 때보다 쇼츠에서 더 높은 반응을 보였다. 쇼츠로 1분 정도의 짧은 드라마를 만들어도 내용만 다 들어가면 이를 어색하게 느끼는 사람이 없이 오히려 더 편하게 느낀다는 것이다.

이 밖에도 뉴스 콘텐츠 역시 쇼츠로 짧게 만든다. 전날 화제가 된 소식 네 개를 1분 뉴스로 전달하는 경우도 늘어나고 있다. 이제는 콘텐츠를 제작하는 것에 있어 속도감이 있고 빠르게 전달하는 것이 가장 중요한 시대가 되었다. 누구나 본인의 콘텐츠를 만드는 세상이 되면서 오히려 길고 퀄리티가 높은 영상은 부담스럽다는 평가를 받기도 한다.

틱톡과 같은 플랫폼에는 10~20대 창작자가 많기 때문에 높은 퀄리티의 영상들이 오히려 상업광고처럼 보여 거부감을 유발하기도 한다. 이제 Z세대는 어떤 플랫폼에서든 창작자이자 시청자의 포지션을 갖게 됐다. 사실 본인이 만든 영상이 이들에게는 가장 입맛에 맞고 보기 편한 영상일 수 있다. 그러니 이제는 높은 퀄리티만 추구할 게 아니라, 볼 것이 많은 이들이 어떻게 하면 내 영상을 선택하게 할지 고정된 틀을 깨고 새로운 방법을 찾아야 한다. 시청자가 직접 나서서 영상을 다시 편집해서 보기 편한 영상으로 만들기 전에 창작자가 직접 그런 영상을 만든다면 더 빠른 속도로 인기 콘텐츠에 다가갈 수 있을 것이다.

세 번째로, 일반인을 출연시키는 방법도 있다. 한동안 유튜브 쇼츠에서 슈퍼카를 타는 사람에게 직업을 묻고 인생 조언을 듣는 콘텐츠가 유행했다. 어떻게 수억 원에 달하는 슈퍼카를 탈 정도로 성공했는지 많은 사람의 궁금증을 풀어주는 영상이었다.

이 콘텐츠를 시작으로 최근 길거리에서 일반인을 인터뷰하는 콘텐츠가 늘고 있다. 대표적인 사례가 거리를 지나는 사람에게 "본인 얼굴을 10점 만점에 몇 점이라고 생각하는가?"라고 묻고 답을 듣는 영상이다. 유튜브 채널 'CSAT U'에 업로드되는 '길거리 캐스팅'이라는 콘텐츠다. 일반인에게 자기 외모에 주관적인 점수를 매기게 하고 '본인 얼굴로 살기 vs 100억 받고 얼굴 랜덤 돌리기'와 같은 밸런스 게임을 한다.

이 콘텐츠가 인기를 끌자 유튜브 채널 '피식대학'에서 패러디하기도 했다. '홍대 마카롱남 길거리 캐스팅'이라는 영상에서 사람들이 어색해하며 자기 외모에 점수를 매기는 것을 따라 한 것이다. 많은 사람이 이를 두고 "진짜 똑같다."라며 호평했다.

이런 길거리 인터뷰 콘텐츠는 최근 OOTD를 묻고 답하는 방식으로도 발전하고 있다. 거리를 지나는 사람들에게 자신의 패션 레벨을 묻고 착장한 옷 브랜드와 가격 등을 질문하는 것이다. 얼마 전에는 이 같은 콘텐츠가 서울패션위크에 참석한 다양한 패션피플을 상대로 제작돼 화제가 되기도 했다. Z세대는 유명해지고 싶은 의지가 강하고 자신을 브랜딩하려는 욕심이 있는 세대이기 때문에 이렇게 본인들도 충분히 주인공이 될 수 있는 콘텐츠를 주목한다. 꼭 유명인이 아니더라도 Z세대가 등장하는 영상을 통해 이들에게 공감과 관심을 불러일으킬 수 있다.

놀 수 있고 경험할 수 있는 콘텐츠다

인턴이 트렌디한 건 제일 잘 아니까 인턴에게 유행을 물어보면 되겠다고 회사 선배들은 대부분 생각한다. 하지만 인턴들도 사실 유행을 잘 모른다. 요즘은 도대체 뭐가 유행인지를 아무도 모르기 때문이다. 지금의 유행은 분명히 존재한다. 하지만 그 유행을 타는 사람과 타지 않는 사람이 명확하게 구별된다는 것이다.

예를 들어 패션에 관해 이야기하자면 발레코어룩과 올드머니룩이 동시에 유행하고 있다. 이에 관해 우리는 어떻게 설명할 수 있냐는 것이다. 유행은 분명히 존재하지만 굵은 뼈대만 있을 뿐 각자의 취향, 개성, 관심사에 따라 생각하는 유행이 너무 크게 달라진다. 옛날에는 유행이라고 하면 다 비슷한 브랜드에 패딩을 입고 다녔다면 이제는 한꺼번에 다양한 브랜드가 유행하고 옷을 입는 분위기별로 브랜드를 선택하는 느낌이다.

최근 Z세대의 옷차림새를 보면 저마다 자신에게 어울리게 잘 입는다는 느낌을 받을 것이다. 각자 개성이 뚜렷해 요즘 유행이 무엇인지 감 잡기가 힘들 수 있지만 도산, 성수, 신용산 등 핫플에서 한 시간가량 지켜보면 어느 정도 유행 패턴이 읽힌다.

근래 눈에 띄는 유행은 올드머니룩이다. 말 그대로 상속받은 재산이 바탕이 되는 룩, 집안 대대로 거액을 보유한 부자들의 룩을 의미한다. 단정해 보이고 싶은 날 한 번쯤 도전하기 좋은 스타일인데 대표적인 유명인으로 이부진 호텔신라 사장이 있다.

올드머니룩의 특징은 옷은 비싸지만 그 값비쌈이 잘 드러나지 않는다는 것이다. 명품이라도 로고가 크게 드러나기보다 있는 듯 없는 듯 은은하게 보여야 한다. 한마디로 자신의 부를 대놓고 과시하지 않아도 일명 오라에서 티가 나는 룩을 말한다. 로퍼, 폴로셔츠, 드레스 등이 올드머니룩을 주로 구성한다. 이런 옷을 입은 후 간단하게 액세서리로 포인트를 주면 된다. 물론 Z세대가 명품을 사기란 쉽지 않다. 그래서 Z세대는 분위기로 올드머니룩을 표현한다.

발레코어룩은 최근 아이돌의 의상이나 액세서리에서 리본을 보았다면 그것이 발레코어룩이라고 생각하면 된다. 제니, 장원영, 뉴진스 등 최근 가장 핫하다는 아이돌들을 대표하는 룩 중 하나다. 발레코어는 쉽게 말해서 우리가 아는 발레와 놈코어normcore를 합성한 단어로 발레룩을 데일리하게 만든 스타일을 말한다.

놈코어라는 단어도 익숙하지 않을 수 있는데 노말과 하드코어를 합성한 말로 일상적이고 평범한 것에 하드코어를 더해 멋스럽게 표현한 것을 말한다. 어렵게 느껴질 수 있지만 최근 고프코어룩, 바비코어룩 등 다양한 코어룩이 유행하고 있다. 이렇게 보면 코어라는 큰 축을 바탕으로 각자 입고 싶은 패션으로 입는 것이다. 이제 옷만 봐도 유행은 굉장히 세분화되어 있고 큰 유행이라는 틀에서 각자 관심사를 찾아가는 것을 볼 수 있다.

먹을 것에 대한 소비도 역시 크게 나뉜다. 오마카세와 무지출 챌린지라는 어울리지 않는 두 가지가 2023년에 동시에 유행했다. 한쪽에서는 한 끼에 10만 원이 넘는 비용을 내고, 다른 한쪽에서는 하루 동안 돈을 쓰지 않기 위해서 회사에서 밥을 먹고 퇴근하거나 집에 있는 냉장고에서 끼니를 해결하는 등 극단적인 생활 방식을 보여주었다.

우리는 이 두 사례를 보고 무엇이 옳은지 그른지를 판단할 수 없다. 하나의 유행 같은 것이다. 크게 보면 누군가에게 본인의 경험을 공유한다는 차원에서 하나로 연결되기 때문이다. 인스타그램에 오마카세에 방문한 것을 올리고 오픈 채팅방이나 유튜브 영상에 본인이 무지출로 어떻게 살아가는지를 올리는 것은 누군가에게 본인의 경험을 공유하기를 즐기는 것일 수 있다.

이런 유행의 형태는 당연히 예상할 수 있는 결과다. 앞에서 설명했던 것처럼 Z세대는 공간을 만드는 세대다. 그 공간 역시 자세히 보면 차이가 있다. 예를 들어 '먹스타그램' 같은 경우 먹는 것만 올리고, 본인의 테니스 관련 콘텐츠만 올리는 '테니스스타그램' 같은 계정이 따로 있다. 일하는 계정과 데일리 계정을 나누기도 한다. 이처럼 한 SNS에서도 여러 개의 계정을 만들어서 자아를 분리하고 각각의 자아로 살아간다. 2023년 트위터가 X로 변경되면서 그 경쟁상대로 '스레드'가 등장했다.

스레드가 처음 등장했을 때 Z세대의 반응은 차가웠다. 그럴 수밖에 없는 게 이미 스레드를 인스타그램과 연동을 해놔서 기존 인플루언서들이 계정을 운영하는 것에는 문제가 없을지 몰라도 자아를 분리하지 못하도록 막은 것이다. SNS의 특징을 잘못 이해한 것이 또 있다. Z세대에게 트위터에 전화번호를 연동하거나 본인을 공개했느냐고 하면 절대 없다고 대답할 것이다. 트위터는 본인을 드러내기보다는 본인의 관심사를 드러내는 데 더 초점이 맞춰진 SNS다. Z세대가 생각하는 트위터 자체의 플랫폼 분석에 실패한 사례라고 할 수 있다.

결국 유행이 뭐냐고 물어보면 뭐라고 단정하기는 어렵지만, 가장 큰 유행은 이제 단순히 콘텐츠가 아니라 사람들이 가지고 놀 수 있고 경험할 수 있는 콘텐츠를 올리는 것이라고 할 수 있다. 각자 좋아하는 것이 달라서 콘텐츠를 단순히 보여주는 것이 아니라 각자 자신만의 방법으로 풀어갈 수 있게 해주는 것이 답이다. 예를 들어 탕후루가 한창 유행할 때 그 유행에 힘입어 '사이버 탕후루'라는 것이 유행했다. '밈의 민족'이라는 표현에 걸맞게 우리나라에서 탕후루는 이제 유행하는 마케팅이 된 모습이다.

예를 들어 이모티콘 여러 개를 탕후루처럼 한 줄로 세운 뒤 마지막에 막대기를 붙이는 식이다. 과일뿐만 아니라 동물 이모티콘도 사용된다. 케이팝 팬들이 자신이 좋아하는 아이돌 그룹의 멤버를 상징하는 동물로 사이버 탕후루를 만드는 등 다양한 변형이 나오고 있다. 도미노피자는 피자에 들어가는 토핑 재료를 사이버 탕후루로 소개하기도 했다. 토핑 모양이 귀여운 것은 물론 최신 트렌드를 잘 반영했다는 점에서 도미노피자의 사이버 탕후루 또한 Z세대로부터 긍정적인 반응을 얻었다.

여기에 더해 Z세대는 최근 설탕을 발라서 만드는 모든 음식을 탕후루라고 부르기 시작했다. 예를 들어 크리스피크림 도넛은 밀가루 탕후루, 멸치볶음은 멸치 탕후루, 고구마 맛탕은 고구마 탕후루와 같은 식이다. 이 논리에 따르면 결국 온 세상 음식이 탕후루로 명명될 수 있다. 이와 관련해 온라인상에서는 탕후루 범위가 대체 어디까지인가에 대한 우스운 논쟁도 벌어지고 있다. 트위터 실시간 트렌드에 탕후루라는 단어가 등장하는 동안에는 탕후루에 대한 Z세대의 선호가 계속되고 있다고 보면 될 듯하다. 이런 방법으로 탕후루를 현실 세계의 유행으로만 볼 것이 아니다. 디지털로 탕후루를 만들어서 마케팅하거나 밈에 편승해서 누구에게나 반응을 얻을 수도 있다.

앞으로 유행은 더 넓고 빠르게 변화할 것이다. 이 유행에서 벗어나지 않는 방법 중 제일 좋은 것은 팀에서 가장 어린 친구의 이야기를 듣는 것이다. 아마 그 친구의 말을 듣는 것이 24시간 동안 SNS를 보면서 유행을 파악하는 것보다 정확할 것이다. 그리고 절대 '요즘 유행'과 같은 키워드를 네이버에서 검색하지 말아야 한다. 그냥 궁금하면 직접 해보는 것도 방법이다. 적어도 성수, 도산 등 요즘 팝업스토어가 많다는 곳에 가서 야외 테이블에 두 시간 정도만 앉아 있으면 입고 다니는 옷, 가방 등에 대한 유행을 파악할 수 있다. 다시 말하지만 가장 좋은 방법은 가장 어린 친구를 믿고 맡겨보는 것이다.

Z세대의 라이프스타일

초판 1쇄 인쇄 2024년 5월 20일
초판 1쇄 발행 2024년 5월 27일

지은이 김상하
펴낸이 안현주

기획 류재운 **편집** 안선영 김재열 **브랜드마케팅** 이승민 **영업** 안현영
디자인 표지 정태성 본문 장덕종

펴낸 곳 클라우드나인 **출판등록** 2013년 12월 12일(제2013-101호)
주소 우) 03993 서울시 마포구 월드컵북로 4길 82(동교동) 신흥빌딩 3층
전화 02-332-8939 **팩스** 02-6008-8938
이메일 c9book@naver.com

값 19,000원
ISBN 979-11-92966-75-5 03320

* 잘못 만들어진 책은 구입하신 곳에서 교환해드립니다.
* 이 책의 전부 또는 일부 내용을 재사용하려면 사전에 저작권자와 클라우드나인의 동의를 받아야 합니다.
* 클라우드나인에서는 독자여러분의 원고를 기다리고 있습니다.
  출간을 원하는 분은 원고를 bookmuseum@naver.com으로 보내주세요.
* 클라우드나인은 구름 중 가장 높은 구름인 9번 구름을 뜻합니다. 새들이 깃털로 하늘을 나는 것처럼 인간은 깃펜으로 쓴 글자에 의해 천상에 오를 것입니다.